VERDADERAMENTE
PODEROSO

VERDADERAMENTE
PODEROSO

DR. ROSA ROMERO

CONTENIDO

INTRODUCCIÓN

He visto como nos ocurren milagros a hombre y mujeres en todas condiciones. Los milagros también le pueden ocurrir a usted cuando comience a utilizar el poder natural verdaderamente poderoso.

Este libro se propone enseñarle que su manera habitual de pensar y los esquemas de imaginación configuran y crean su destino. Pues como piensa dentro de sí, así es

> **PROVERBIOS 23:7**
> 7 Por que cual es su pensamiento en su corazón, tal es el.

Conoceremos las respuestas a muchas preguntas que nos hacemos en diferentes ocasiones o circunstancias, sin entender cuál es la razón por la que no son respondidas. Porque mientras unos son realmente ricos otros son verdaderamente pobres, porque hay tanta gente enferma y situaciones tan críticas y algunos son tan miserables y luchan constantemente con desesperación para salir de esa situación y no lo consiguen, debido a su propia e inadecuada programación en su mente.

Tendrás respuesta y aprenderás a cambiar tu forma de pensar sin importar en qué situación estés. A partir de este momento puedes empezar poniendo en práctica lo que te daré a conocer, puedes encontrar diversidad de libros escritos en cuanto al tema de diferentes autores, pero desde mi punto de vista personal creo que nos han dado verdad a media por que no tienen un balance entre lo físico y lo espiritual, ya unos autores se enfocan en el ámbito natural del poder mental, dejando a un lado en enfoque al mundo espiritual, el secreto que me fue revelado por el Espíritu Santo es que para que exista un cambio real en nuestras vidas tenemos que lograr una combinación de ambas.

¿POR QUÉ ESCRIBÍ ESTE LIBRO?

Por obediencia al Espíritu Santo que me dio a conocer verdades que serán de mucha utilidad para aquellos que les sean reveladas y responder a las preguntas que te has estado haciendo, porque estoy en esta situación, por qué no tengo lo que quiero, porque mi vida es así y muchas más semejantes esta, las verdades fundamentales de cómo funciona nuestra mente y transmitir este conocimiento y experiencia al lector de la forma más sencilla de entender y cómo utilizar este conocimiento en el diario vivir.

Estoy absolutamente segura de que a medida que vayas haciéndolo, obtendrás el poder milagroso natural, que lo sacara de la confusión, pobreza, melancolía, fracaso, enfermedades, o cualquiera que sea su situación, y que lo guiara a un resultado positivo y solucionara sus dificultades, lo librara de su cautiverio, emocional, físico y económico y lo pondrá en el camino correcto que lo conducirá a la libertad, la alegría, la paz mental, a la salud, a la abundancia, y todas esas cosas que as deseado o anhelado. Este poder natural puede sanarte de cualquier enfermedad o liberarte de cualquier situación. Aprender a usar tu poder interior natural, abrirás las puertas de la prisión de tus miedos y hará que entres en aquella vida escrita como la gloriosa libertad de los hijos de Dios.

DESATE EL PODER MILAGROSO NATURAL DE DIOS EN SU VIDA.

La sanidad personal es siempre la evidencia más convincente del poder natural de Dios. Hace más de una década cuando menos lo esperaba, cuando las cosas estaban mal y creía que no podrían ir mas mal, me di cuenta de que siempre pueden ser peor. Estando sentada en sala de espera de la oficina del abogado que me representaba en las cortes por el proceso de mi divorcio, la secuencia mal sintonizada trajo consecuencias, ocasionándome un paro cardiaco, simplemente mi corazón dejo de funcionar, cuando me trasladaron al hospital y después que me realizaron unos exámenes, recibí el peor pronóstico que el médico pudiese darme fue tendremos que abrir tu pecho para encontrar la razón por la que tu corazón dejo de funcionar. Pedí un momento para autorizar la cirugía ya que no tenía quien firmará por mí, eso fue muy alentador saber que estaba sola, pues me dio tiempo para decidir si autorizaba la cirugía. Mis tres hijos eran todos menores de edad Joseph el mayor de 12 años, Jason de 8 años y Johann 3 años, todos al cuidado de la nana, eso me hace sentir confiada el saber que mis hijos no estaban solos, pues era madre soltera.

Mi preocupación era no poder despertar de la intervención, entonces cerré mis ojos y le pedí al Espíritu Santo su intervención y experimente el poder natural de Dios y recibí la visión de cómo mi corazón literalmente se sanaba y mis vasos sanguíneos se restauraban milagrosamente, empecé a hablarle y a decirle a mi corazón funciona correctamente; yo vi como cada palabra que pronunciaba podía crear exactamente lo que decía, mi cirugía fue hecha sin que los médicos abrieran mi pecho, se creó lo que necesitaba de manera milagrosa, pedí a los médicos que examinaran mi corazón una vez más, les explique que de pronto me sentí tan bien y completamente sana.

Ellos decían que era imposible que estuviera mejor sin realizarme la operación programada, en mi insistencia repitieron los analices, los cuales reflejaron una cirugía ya hecha, algo muy difícil de creer para la ciencia, todavía no tienen respuesta de lo que sucedió en mi corazón ese día, yo gozo de buena salud, en algunas ocasiones juego con esto y cuando voy al médico y me hacen las preguntas de rutina como: toma algún medicamento, es alérgica, es diabética, hipertensa o tiene alguna cirugía y les contesto que si una de corazón abierto y les digo que reemplazaron algunas arterias del corazón, sonrió, en señal de broma, en más de una ocasión lo han podido observar en análisis de seguimiento, me preguntan dónde está la cicatriz de tu cuerpo, sonrió y digo Dios la quito aunque no ven la cicatriz, miran la cirugía dentro de mi corazón y creen por que la ven, pero no entienden lo que sucedió.

Al principio ni yo entendía con exactitud qué había sucedido, al pasar el tiempo y tener muchas experiencias como esta con otras personas, entiendo que tengo un poder natural que todos tenemos, pero no todos lo usamos. Ese día experimenté que en mi boca tengo poder para declarar y recibir lo que creo, tal vez mi necesidad era tan grande y mi fe se manifestó ya que el poder de DIOS no lo mueve la necesidad, si no la fe.

Para ser bien honesta en ese entonces no sabía que era fe, solo sé que cuando hablaba estaba segura de que lo que decía estaba sucediendo, podía experimentar mi propia sanidad.

> JEREMIAS 30:17
> [17]Mas yo haré venir sanidad para ti, y sanaré tus heridas, dice Jehová; porque desechada te llamaron, diciendo: Esta es Sion, de la que nadie se acuerda.

Crecí siendo una joven común la única diferencia es que siempre me sentí especial porque puedo tener experiencias únicas, que me hacen ser diferente, ya que el poder de Dios se manifiesta a través de mi en el don ciencia, sabiduría, conocimiento y profecía entre otros, en algunas ocasiones he sido fuertemente criticada por personas que no conocen o no creen acerca de los dones del Espíritu Santo.

En nuestro ministerio liberación y sanidad, manifestamos el poder del Dios a través de las liberaciones donde llegan brujos, hechiceros y magos, representantes de las tinieblas y han sido impactados por el poder de Dios y se aceptan al señor Jesucristo como su señor y salvador y hemos tenido que liberarlos de demonios o espíritus inmundos que por mucho tiempo han sido posesionados, demonios que ellos mismos han atraído a sus vidas, que no han podido ser liberados por nadie más y han confirmado que verdaderamente Jesús es el señor.

Tuve un encuentro divino con Dios y puedo hablar con él en todo tiempo, él puede usar mi boca para hablarle a quien él quiere y a través de lo que he vivido puedo asegurar que no soy yo la especial sino Dios en mí y ese poder está a la disposición de quien quiera.

Este libro le enseña la manera de aprovechar el poder infinito que hay en su interior. Todo mundo puede; esto no es para un grupo limitado como nos han estado haciendo creer, yo pertenecí a una iglesia religiosa por muchos años donde nunca vimos un milagro o recibimos alguna profecía, en algún momento mencionar a un pastor que orara en lenguas era aterrorizante nos prohibían visitar cualquier otra iglesia. Y nos manipulan al punto de creer que esa es la única iglesia verdadera, no todo fue malo porque me fomentaron en mi corazón el temor a DIOS, lo malo fue la programación que pusieron en mi mente que iba en contra a lo que Dios me llamó hacer en esta tierra y me seria de obstáculos tanto así que hoy en día aún tengo algunos de mis familiares que no aceptan mi para llamado por el señor.

Los planes de Dios son perfectos hasta mi primer matrimonio, donde fui abusada física y verbalmente desde el primer día hasta el último día que salí de esa relación, mi vida no ha sido color de rosa gracias a que tuve heridas hoy amo mis cicatrices, cada situación me enseñó algo en mi vida y lo más grandioso que me di cuenta cómo funciona.

Al principio pensé que como no tenía amigos me sentía en la necesidad de hablar con amigos imaginarios, pero en realidad hablaba con DIOS. El Espíritu Santo está siempre como el mejor y único amigo con él hablaba constantemente y empecé a escucharle, parecía esa pequeña voz que algunos le llaman conciencia, pero cada vez era más clara y verdadera, aprendí a estar conectada siempre con el Espíritu en una constante oración como dice la escrita escritura dice:

> ## 1o. TESALONISENSES 5:16
> [16] Estad siempre gozosos.
> [17] Orad sin cesar.

cómo podemos estar siempre gozosos y orando en todo tiempo de día y noche, se supone que tenemos otras cosas que hacer.

En verdad conozco personas que oran tres o cuatro horas diarias y cuando Dios les habla les dice, necesitas orar más, y no entendía a que el señor se refería, claro él dice en su palabra orad sin cesar, orar esa cantidad de horas no es suficiente. Comprendí que debemos estar en una constante oración y exactamente es lo que hago.

Algunas de las características de este libro es su forma sencilla, realistas y accesible, técnicas que usted puede aplicar fácilmente en su diario vivir. Estoy enseñando esto a hombres y mujeres que quieran tener resultados positivos de sus oraciones, ya que la pregunta más común que me hacen en todos los servicios es ¿Por qué mis oraciones no son contestadas? He orado y orado por mucho tiempo pidiendo y no he recibido respuesta, será que Dios no me escucha.

¿Te ha pasado alguna vez que tu respuesta no ha llegado por más que la esperas? lo declaras y reclamas y tu oración no es contestada, hoy tendrás la respuesta esperada. Esta información será de extraordinario valor y de gran ayuda en estos tiempos difíciles y adversos.

DESEAR NO ES ORAR

Todos desean salud, felicidad, éxito, seguridad, prosperidad, liberación, paz, espiritualidad, pero muchos no obtienen estos resultados de la oración, y peor aún algunos reciben lo contrario, verdaderamente poderoso nos enseña cómo hacer que el poder que opera dentro de nosotros trabaje en favor nuestro orando en todo tiempo, para darnos la victoria sobre toda situación.

Uno de los errores más comunes de grandes y pequeños espiritualmente hablando que oran por largos ratos y después de terminar su oración, al ya no estar de rodillas, se comportan desconectados de su oración, y hacen o dicen cosas que no van de acuerdo con su oración, obteniendo un resultado no deseado, orar sin cesar es el secreto cómo lograrlo es practicar diariamente, descubrí que tenía una vida de oración siempre estoy hablando con mi creador el Espíritu Santo está todo el tiempo, nunca digo amen como un final de la oración ya que oró sin cesar, mi hablar es constantemente una oración, es maravilloso no terminar de orar, si entendemos cómo trabaja a nuestro favor sabemos que no tenemos de que preocuparnos confiaremos completamente creando en nuestras vidas una fe que mueve montañas, funciona lo hemos comprobado innumerables veces. Somos testigos de la sanidad y liberación que produce la respuesta a lo deseado.

COMO ESTE LIBRO PUEDE HACER MILAGROS EN TU VIDA

Este libro está escrito con el propósito de empoderarte de conocimiento, y liberar en ti el poder natural de Dios. Por qué le llamo poder natural de DIOS, comúnmente le llaman sobrenatural y nos crean una idea de inalcanzable y muy complicado, precisamente queremos que no lo sientas así. Puedes confiar que el noventa y nueve por ciento es nuestra responsabilidad y obligación, cuando creemos que algo es limitado para cierto grupo de personas ni siquiera lo intentamos, y eso es justamente lo que vamos a evitar.

Los poderes ocultos de índole espirituales que trabajan en contra del ser humano, con poder y revelación, el contenido es de valiosa importancia, ya que nos es dada como una herramienta de Dios para resistir a las tinieblas. La separación entre Dios y el hombre creó un espacio donde la oscuridad predomina, manipula y afecta de una manera visible e invisible y sin que nadie diga nada porque parece todo normal, cuando en realidad somos presa fácil de la derrota peleando a nuestra manera, solo perderemos la batalla y esperando misericordia no podemos asegurar que hemos ganado la guerra. Preguntando a Dios como ganar mi batalla, me revelo instrucciones específicas, desde mi experiencia la lucha más fuerte es salir del campo de batalla donde el enemigo te acorrala, formando una fortaleza en tu propia mente para que no salgas del territorio, ya que estamos acostumbrados a estar en su espacio, si estamos enfermos, trises desanimados, nos quedamos en su territorio, tus pensamientos dicen no tengo salida, no sé qué hacer, no puedo cambiar, estas actitudes empiezan a afectar tu conduta de una manera definitiva que no te deja cambiar, sal de esa enfermedad, con palabras declarando hasta que tu mente pueda cambiar dándole instrucciones específicas y determinadas a tu favor, ya que tienes lo que confirmas.

Es decir antes que tu enfermedad entrara en tu cuerpo encontró un lugar en tu espíritu, dirás que es el espíritu humano y como funciona es siempre tu espíritu es el soplo de vida como funciona es tu mente y corazón, la escritura dice que del corazón mana la vida es ahí la confirmación en la palabra, si nuestro corazón y mente se conectan en solo sentir nuestro espíritu trabaja a favor se conecta al Espíritu de Dios, y una vez conectados no queremos desconectarnos definitivamente podemos mantenernos siempre en esa conexión lo que muchos experimentan cuando están en una reunión de oración reciben revelación de alguna circunstancia que le preocupa o de algo que este cerca y no se explica por qué sucedió es porque se conectó al Espíritu y el trae revelación ya sea del pasado, presente o del futuro.

Si mantenemos esa conexión tendremos siempre conocimiento del futuro y revelación del pasado, la gran mayoría quieren saber del futuro es bueno ya que podemos evitar algunas circunstancias no deseadas y el pasado no es de menor importancia ya que de él depende nuestro presente.

CÓMO FUNCIONA NUESTRA MENTE

No es tan complicado como parece, nuestras neuronas son como espacios de memoria que graban todo lo que vemos, oímos, tocamos, olemos y hablamos en con nuestros cinco sentidos naturales, más adelante conocerán también acerca de nuestros cinco sentidos espirituales y cómo funcionan.

En este capítulo te mostrare cómo funciona la mente con los sentidos naturales, todo lo que vemos no podemos recordarlo, pero la mente si, por que ella hace su trabajo automático, gravo todo lo que vio, lo que se habló, lo que olio, lo que toco y lo que escucho, aunque usted mismo no pueda recordarlo, todo en su mente se quedó grado la ciencia descubrió que ni la computadora con un programa de avance podría superar la mente en realidad es un poder increíble una capacidad incalculable, aprenderemos a programarla para que funcione a muestro favor fantástico no lo complicare ya que tenemos la capacidad de hacerla trabajar a nuestro favor, pues ella no tiene control propio es un beneficio a nuestro favor, si la mente graba todo asegúrese de grabar lo que usted desea o necesita como; cuide lo que ve, lo que escucha, lo que hable, lo que toca, dirá no puedo controlar lo que los demás dicen, pero puedes decidir si creer lo que dicen, o no.

Empieza con la persona con quien más pasa tu mente es contigo mismo, entonces tienes la ventaja de ser tu quien influya más a en tu mente, yo lo experimente cuando nadie creía en mi llamado, ya que para algunos no reunía los requisitos de ellos, empecé hablar conmigo misma y cuando los demás decían no creemos yo me hacia la sorda, insistía en la palabra de DIOS este evangelio no es mío es de quien me envió.

> ## JUAN 7:16
> [16] Jesús les respondió y dijo: Mi doctrina no es mía, sino de aquel que me envió.

Liberando de esa forma toda presión en la mente, para obstaculizar lo que deseaba en mi corazón.

EL PODER DE CONOCIMIENTO

Reconociendo que esto no es un juego, sino algo muy serio que muchos no toman conciencia de la gravedad de cómo es afectada su vida espiritual, física, intelectual, y económica, y el mundo de las tinieblas toma ventaja de la ignorancia o de la inocencia, o también de la falta de conciencia. La palabra dice: Por falta de conocimiento perece mi pueblo.

> ### OSEAS 4:6
> [6]Mi pueblo fue destruido, porque le faltó conocimiento.

En palabras sencillas falta de información, cuando no sabemos cómo hacer las cosas, no quiere decir que no podamos hacerlas, sino que no contamos con el conocimiento necesario para hacerlas.

Para obrar tenemos que meternos en lo espiritual, no solo se trata de Dios, sino de Dios y del diablo, ya que es una guerra entre dos reinos, el reino de Dios y el reino de las tinieblas. La razón por la cual los demonios son más estratégicos a la hora de atacar es porque mientras no te atacan están a tu alrededor esperando el momento y las circunstancias por donde entrar. Una vez entrando son severos y crueles porque saben bien cómo destruirlo todo.

Esta es la razón por la cual cuando viene uno, vienen muchos no solo es uno sino vienes legiones. Como pueblo de Dios en necesario conocer a Dios para deshacer las obras del diablo o las obras de las tinieblas.

> ## 1 JUAN 3:8
> [8] Para esto vino el hijo de Dios, para deshacer las obras del diablo

Es común pensar que, si no creemos en la brujería, en los demonios o en toda clase de forma que el enemigo quiera manifestarse, el que no lo crea, no quiere decir que son ciertas. Dios nos advirtiera en varias ocasiones, que ningún brujo, ningún hechicero, ninguno que practique el ocultismo, entraría en el reino de los cielos. Encontramos en la palabra versículos como

2 CRONICAS 33:6

¹⁷ Practicó la hechicería, usó la adivinación practicó la brujería y trató con médium espirituales, hizo mucho mal ante los ojos del SEÑOR provocando su ira.

CONOCIENDO EL ENEMIGO

Una principal ventaja para ganar la guerra es conocer con quien peleas y cuáles son sus armas y por qué peleas. ya que es importante conocerlo también para tomar ventaja de ello, la biblia dice que era un ángel muy hermoso el más inteligente de todos, ESEQUIEL 28 12;19 TU HERAS EL CELLO DE LA PERFECION, LLENO en DE SABIDURIA Y ACABADO DE HERMOSURA …. TU QUERIBIN GRANDE PROTEXTOR, YO TE PUSE en el santo monte de Dios perfecto eras en todos tus caminos desde el día que fuiste creado, la soberbia y el orgullo fue la razón por que fue desterrado del cielo al igual que sus ángeles que le siguieron y se revelaron ante Dios. Después hubo una gran batalla en los cielos Miguel y sus ángeles luchaban contra el dragón y sus ángeles, pero no prevalecieron ni se hubo ya lugar para ellos en el cielo.

Hoy se escucha como leyenda lo cual dudan algunos, pero la realidad es esa que tenemos un enemigo grande que toma ventaja de cualquier cosa, Dios nos creó con dominio propio, somos nosotros los que permitimos ser servidores de él, algunos por voluntad propia y otras inconscientemente, pagan igual no se escucha justo pero así es, cuando permitimos sentimientos o pensamientos que no son los que Dios ha dado para honrar al Dios Altísimo, estamos siendo usados por satanás.

La arrogancia, la altivez y la rebeldía son las primeras señales que están siendo manipuladas por satanás. El diablo no estará muy contento con lo que les voy a decir, pero es necesario que estamentos informados correctamente, como él se disfraza de luz los que trabajan con los muertos que le llaman santos, en realidad solo se disfrazan

---

DEUTERONOMIO 18:11
[11]ni encantador, ni adivino, ni mago, ni quien consulte a los muertos

---

EL PODER DEL CONOCIMIENTO REVELADO

Quien consulte a las muertos es abominación a Jehová, hoy está de moda que iglesias grandes consultan a María, San Juda, San Antonio, todos muertos, personas que existieron y ya no existen más, como algunos dicen que Jesús los llevó al cielo, si Jesús ya los levantó para llevárselo con él, no para que los sigamos invocando, entre unas de las comunes son llamadas iglesias cristianas, la santería, que no es más que la brujería o satanismo, y todas las religiones que no tienen a Jesús por hijo de Dios.

El poder de las tinieblas, está obrando libremente en este nivel, ofrecen frutas, sacrificios o sacrifican animales ofreciendo la sangre a los santos, pero esos santos no son más que el diablo o sus demonios, personas que han dejado esta práctica y se han convertido al cristianismo han revelado muchas cosas que ya son muy conocidas, no voy a profundizar en eso porque el objetivo no es informarte de cómo funciona la brujería, masonería, santería, nueva era u ocultismo o como le quieran llamar. Si no como ser libre de esto, ya sea que hayas sido víctima o hayas sido practicante, demora buen tiempo para limpiar la información que tienen en la mente, de manera que muchos cristianos convertidos todavía hacen prácticas de brujería y hechicería, conscientes porque piensan que no es malo, ayudarse un poquito, es muy común porque conocen cómo trabaja la brujería, encuentran la recompensa rapidito y su mente automáticamente les envié mensajes que la brujería destruye brujería, confirmó que no es así, Jesús dijo que un demonio no saca otro demonio, la manera correcta de romper o deshacer la brujería, hechicería o maldiciones. Solamente JESÚS para eso vino el hijo de Dios.

Este tema es muy controversial, un tema de contienda, por la manera diferente de entender la escritura, por lo general nos critican fuertemente porque no entienden con claridad este tema y en las iglesias es un tabú, solo se trata lo superficial y no tratan el verdadero problema, tienen luchas fuertes y no de identifican la razón o el origen demoniaco que opera en la gran mayoría.

En nuestro ministerio luchamos personalmente por mucho tiempo con esta situación, perdemos algunas batallas, pero no la guerra. Una de ellas fue la muerte de un familiar muy querido, no mencionó su nombre por privacidad y respeto a su familia, enfermo rápidamente después de la muerte de su esposo, muriendo en un asesinato planificado por propiedades y cosas materiales, que terminaron en contiendas y posteriormente abandonadas al final.

Ella viajo a este país buscando medicina en el hospital de Houston Texas uno de los hospitales más reconocido en los Estados Unidos, los médicos no encontraron la razón de su enfermedad, incluso la refirieron con especialista para estudiarla cuidadosamente sin tener resultados positivos, buscando una oportunidad ella fue llevada a lugares espiritista, brujos, adivinos y hechiceros y algunos charlatanes que se aprovechan de la necesidades de las personas, que manipulan frecuentemente a muchos que ignoran el mundo espiritual.

Tuvimos la oportunidad gracias a Dios de orar por ella, así llegamos a conocer una mujer de Dios, a un profeta que hasta el día hoy llamo mi madre espiritual, la mujer que el señor eligió para hacer la diferencia después de tanta lucha espiritual, ministraciones, liberaciones, ayunos y cadenas de oraciones, finalmente llegamos a un puerto seguro.

Dios revelo mucho más de lo que los adivinos y charlatanes le habían dicho por fin tenemos un expediente confirmado una brujería conjurada para quitarle la vida, un conguero que fue hecho para destruir a toda la familia, como no pudieron matarla en el mismo intento de asesinato de su esposo, aprovechando el dolor del luto encontró un espacio para entrar, ya que conocemos que el dolor, el luto, la tristeza, la amargura y el dolor es una puerta de entrada para los demonios.

El secreto para romper toda obra del diablo es UNA PALABRA, un decreto, un mandato, una ordenanza de parte de Dios por que él tiene el poder para sanarnos y liberarnos, ella fue sanada por la mano poderosa de Dios, le reveló que no moriría si ella se quedaba en este lugar, lejos donde fue entregada a las tinieblas, donde el pacto satánico había tenido lugar.

Después de las oraciones y las liberaciones que tuvieron lugar su cuerpo fue sano, aun yo no tenía la experiencia que no solo tenías que sanar su cuerpo, sino que también su alma, mente y sus células, como la mente siempre vuelve a lo conocido o familiar, pasó el tiempo y regresó a su país fue su final. Ella falleció a los dos días de haber llegado.

Podemos ver como si Dios puede obrar de manera sobrenatural, como esos testimonio reales puedo compartir muchos y habrás escuchado algunos testimonios que Dios ha sanado a alguien y al pasar el tiempo mueren o vuelve la enfermedad y nos preguntamos qué pasó, sucedió que tratamos solo la enfermedad y no lo que causó la enfermedad, me centraré que el único que rompe cualquier trato que hayas hecho con satanás o principados de las tinieblas, pero hay una influencia que está regida por tu mente que necesitamos renovar para que tu mente regenera todas las células, necesitamos ordenarle con nuestras neuronas cerebrales, solamente lo que creemos podemos recibir el único que puede destruirlo es Jesucristo nuestro señor.

> ## MARCOS 3:27
> [27] Ninguno puede entrar en la casa de un hombre fuerte y saquear sus bienes, sin antes no le ata y entonces podrá saquear su casa.

Es de suma importancia atar al hombre fuerte antes de repartir el botín, qué quiere decir que en serio atas y reprendes al que esté operando en el problema para que el problema sea resuelto. Atar significa juntar, sujetar, ajustar, amarrar, ligar, asegurar y encadenar, algunos cuando oran por sanidad solo atan la enfermedad, pero no al espíritu que causa la enfermedad y el resultado no es el esperado. La manera correcta es atar el espíritu que causó la enfermedad y echar fuera lo que hay. Si es una enfermedad debes saber la causa por la que está enfermo, y después hablarle a la enfermedad.

Para que tengamos una idea clara tenemos una persona que está sufriendo depresión, escuchando voces que le dicen: córtate las venas, suicídate no le importas a nadie. Y todas esas cosas parecidas.

Digamos que eres tú, si tú que estás leyendo. Cómo te liberas simple en voz alta que te puedas escuchar, ató el espíritu de tristeza, amargura, bajo autoestima y la ventaja es tu mente te traerá al momento que te hace sentir así puede que hayas sido abusada, agredida, ignorada o maltratada en tu niñez o en cualquier tiempo puede que estés incluso en este momento en esta misma situación, lo atas y reprendes lo que se te presente así si así te ato espíritu de abuzo, de maltrato, de cualquier espíritu que estés siendo víctima te ato y sal fuera en el nombre de Jesús renuncio a todo sentimiento de amargura, de tristeza y de cualquier sentir que no sea de Dios. Y no te agotes de decirlo hasta que seas libre yo lo hice por más de 9 años. El haber sido víctima de abuso y maltrato físico y verbal. Fue una de las formas que use y tal vez pienses que lo mío no fue tan grave quiero abrirte mi corazón y dejarte saber lo que por muchos años me causó mucho dolor y le doy gracias a DIOS que finalmente me hizo libre.

A mis 23 años de edad en mis 6 meses de embarazo de mi primer hijo, fui envenenada por la madre de mi esposo en ese tiempo, causando la muerte de mi bebe y dañándose de manera irreversible mi vida, no fue fácil es una pena que opacó mi mundo por muchos años, lo más duro no fue el acto, fue seguir viviendo en el mismo lugar y con la misma gente que me dañaron y me maltrataban continuamente sin poder hacer nada más que clamar a Dios por un poquito de misericordia, créeme yo estuve allí y salí de ese valle de sombra y de muerte, la técnica que te doy no me la enseñaron en los seminarios teológicos, es la experiencia vivida, sé que funciona te lo garantizo.

Sé que Dios es bueno y siempre está atento a ayudaros, mucha gente está enferma porque el enemigo les hace creer que esa es la voluntad de Dios y muchos soportan enfermedades y problemas y situaciones difíciles. Cuando Dios siempre quiere lo mejor para nosotros.

Al principio de nuestro ministerio de liberación, no tenías el conocimiento pleno de lo que realmente pasaba, pero a medida que avanzaba el ministerio, fuimos teniendo experiencias más contundentes del maravilloso poder de Dios.

VI

EL PODER DE LOS PENSAMIENTOS Y SUS PROPIAS PALABRAS

QUE ES UN MILAGRO: un milagro es un concepto dado a un evento muy inusual que se cree que es sobrenatural y se atribuye a la intervención divina, por parte de un individuo o un grupo de personas de algo que se cree un objetivo IMPOSIBLE por medio del pensamiento que es la fe, motivación y acción algunos quieren creer que milagros son las cosas que caen del cielo hay mucha gente que pierde su tiempo clamando a DIOS por un milagro, no digo que Dios no haga milagros al contrario te animo a hacer milagros en el nombre de Jesús el ingrediente exclusivo es la acción.

Es como si todo se pudiera ver con más claridad, como la experiencia que tuvimos con una mujer de otra ciudad que no pertenecía a nuestra congregación, quien estaba postrada en cama con un diagnóstico de cáncer terminal. Nosotros estábamos en esa ciudad de misión por otras personas que habían requerido de nuestras oraciones de liberación, y estando allí nos comentaron de esta mujer y fuimos hasta su hogar, sentimos que era necesario ir, ya que estábamos acostumbrados a que las personas venían donde nosotros estábamos, pero en esta ocasión Dios quería que fuéramos nosotros donde ella, pues esta mujer no podía llegar donde nosotros y Dios tenía un plan con ella.

Ya que la distancia a recorrer era bastante considerada, pero sé que valió la pena. Al llegar me di cuenta de que la situación era desgarradora, ya que no había esperanza alguna, tanto que el sacerdote católico ya había dado los santos olios, a lo que ellos llaman preparándose para la sepultura, yo creo que satanás ya habían cantado victoria, pero se llevó un gran chasco, pero no contaba que Dios estropearía sus planes ese día.

Cuando llegue todos me veían sin consuelo y sin esperanza, estando de pie frente a la mujer guarde silencio por unos momentos, esperando que Dios hablara, ya que por mi propia cuenta no tenía palabras para consolar a nadie, pues yo también estaba siendo quebrantada por la situación. Una mujer con tres hijos, el mayor tenía diez años y el menor un año, su madre tenía setenta años y ella estaba en los treinta y cinco años. Había otras personas en el lugar, seguramente familiares cercanos, recuerdo que era una casa muy pequeña que apenas y cabíamos y algunos de los que me acompañaban soltó un suspiro que me hizo reaccionar de manera sorprendente ya que lo primero que dije fue: ¿Estás preparada para morir?

Todos se sorprendieron por mi pregunta, ella no alcanzo a contestar, se le hizo un nudo en la garganta y yo seguí preguntando estos son tus hijos, son responsabilidad tuya y a quien se los vas a dejar, ella miro a su mama ya anciana, como queriendo decir que a su mama, yo le dije, ella necesita quien la cuide, no puede estar cuidando a nadie más, estas a cuentas con el señor, aceptaste ya a Jesucristo como tu salvador, ella sollozaba y no me daba una respuesta, ya que ella no entendía por qué yo preguntaba lo que estaba a la vista.

Cerré los ojos por un segundo y dije ¿si Dios te levanta hoy, servimos a Dios todopoderoso y a Jesucristo que se entregó a sí mismo para que fuésemos salvos por él?

Por lo cual ella no tuvo otra opción y contestó con su cabeza que sí, sé que ella no tenía fuerzas para hablar, pero con sus últimos aliento me dijo SÍ, lo cual permitió dar inicio a su liberación y posteriormente su sanación, a lo que seguí diciendo ya has aceptado que Jesucristo es tu salvador, él te sanará conforme a lo que creemos y declaramos, renunciaras a todo aquello que hasta el día de hoy reconoces que no fue de parte de Dios, hicimos una pequeña oración de renuncia, renunciando a la aquella enfermedad y a lo que la había ocasiones la enfermedad, sé que no hay cosas tan fáciles de aceptar como la falta de perdón en nuestro corazón, el rencor y el resentimiento, la entrada de los espíritus de enfermedad. La oración fue muy corta, pero muy poderosa, ya que el espíritu de enfermedad que estaba en ella no le quedó más que salir, yo solamente declare una palabra, está hecho, eres sana, en el nombre de Jesús.

En el momento de la liberación hubo manifestación de

los espíritus inmundos y los demonios que estaban en aquel lugar, sonaron las puertas de la casa y es escucharon ruidos espantosos y aterradores, tanto que algunos escucharon toda clase de sonidos gritos, sollozas, aullidos, se sintió un espanto casi inexplicable, era un terror, inimaginable algunos salieron corriendo de aquel lugar. No tome en cuenta que algunos de los que estaban allí, no estaban preparados por lo que fueron sorprendidos, ya que esa noche ella fue libre…expulsando todo, incluyendo su cáncer terminal. Aquella noche fue sanada por completo, hoy vive en una casa nueva con su tres hijo y su madre, le sirve a Jesucristo e impactó a toda la ciudad con su testimonio. Muchos son los testigos ahora de que Jesús sano y restauró la vida de esa mujer de una manera sobrenatural. Cuando estas cosas sucedían eran inexplicables para mí, porque nunca había presenciado un milagro, pues no tuve un mentor o maestro, todo fue guiado por el Espíritu Santo, solo sabíamos que había un poder sobrenatural.

VII

SU MENTE ESPIRITUAL SU MEJOR SOCIO PARA EL ÉXITO

En algún momento todos hemos deseado tener éxito en algo, empresarial económico y hasta espiritual, por qué no decirlo que sin importar lo que sea nuestra manera de pensar determina todo, como usar los pensamientos a favor nuestro.

> **PROVERBIOS 23:7**
> 7 Porque como piensa dentro de sí, así es el.

NO eres lo que piensas que eres, sino lo que piensas eres. Esto significa que la mente es el material donde fluye la conducta. Controla la fuente y controla lo que fluye de ella. Lo más importante es controlar los pensamientos. SALOMÓN DECÍA

> ## PROVERBIOS 4:23
> 3 Por encima de todo guarda tu corazón porque de él el mana la vida

Descubriste que los pensamientos no salen de la mente sino del corazón, funciona simple si pensamos mucho tiempo en una cosa de terminada, terminamos obteniendo lo que pensamos.

- Si sembramos un pensamiento cosecharemos un acto
- Si sembramos un acto cosecharas un habito
- Si sembramos un hábito cosecharás un carácter
- Si sembramos un carácter y cosecharás un destino

Has escuchado frases como estas, una información sin una práctica no funciona, comúnmente la gente fracasa en lo que desea lograr, porque no práctico a tener éxito, ven a alguien que tiene éxito en algo determinado y piensan que tuvo suerte o que por casualidad lo logro. Te motivó a que tú te conviertas en el socio de tu mente. Tú puedes dirigirla hacia donde quieres que te lleve, muchos trabajan al revés piensan que la mente es el GPS y ellos son el carro, no es así es todo lo contrario tu eres el GPS y la mente es el vehículo que te llevará adonde tú la guíes; hoy sabrás qué invertir en tu mente es más beneficioso que invertir en tu propio cuerpo.

Mis pensamientos me pertenecen, yo los mando, yo decido que pensar y le ordenó a no pensar. Porque lo que pienso hablo y lo que hablo hago, aprendí que hablo lo que quiero que mi mente haga porque lo que la mente haga es mi destino al éxito o el fracaso, he observado a cristianos de diferentes denominaciones dejarse guiar por lo que piensan sin importarles que lo que están haciendo mal se justifican en su derrota cuando pueden cambiar cualquier situación con el simple hecho de pensar correctamente dejando que su mente espiritual les guíe, si te sientes sin fuerza ora la palabra de Dios, fuerte soy en el señor yo tengo programado mi cerebro tanto que en cualquier situación viene la información que necesito, si me siento débil, fuerte soy en el señor y si me siento triste, gozosa y regocijaos qué grande es nuestro galardón, siento que no puedo más, todo lo puedo en cristo que me fortalece, para cualquier situación mi mente espiritual ya está lista yo le llamo mi mente espiritual, a la que otros le dicen mente inconsciente, porque si es inconsciente quiere decir que no la mando yo, si mando la mía por eso la llame mente espiritual porque tengo el control de lo que pienso, como lo pienso y para que lo pienso. Esto resulta muy productivo en todo lo que me sucede ya que controlo con mucha frecuencia los resultados. Pon lo aprueba, te Sorprenderás lo que puedes logran con el simple hecho de controlar la mente y tu razón.

VIII

EL PODER MILAGROSO
DE LO NATURAL

¿¿¿Cómo funciona??? Siempre lo llamó milagroso porque para nosotros siempre es imposible, y natural por que funciona. Con el simple hecho de hablarlo en la manera correcta está hecho. Recibiremos respuesta en algunas ocasiones no será de inmediato, en otras tomara un poco de tiempo, pero funcionaran te lo aseguro.

Por mucho tiempo nunca me interesé por entender cómo funcionaba el reino de las tinieblas, yo me encargaba de llevar el poder de Dios y eso es suficiente para mí, pero hoy el señor me ha dado revelación más profundas de cómo los demonios trabajan en contra de una familia, vienen muchos con órdenes precisas de matar, destruir y robar, el diablo necesita a alguien que trabaje para él, los brujos, los hechiceros y los magos y representantes de satanás son sus títeres, trabajan por su cuenta o pagados por alguna de las personas que los visitan, en otras palabras para que los demonios entren tiene que ser enviados, no siempre tiene que ser por causa del pecado.

Como en algunas ocasiones hay demonios que entran por el pecado, adulterio, fornicación, o por la simple separación de Dios por parte del hombre, que es igual a idolatría y fornicación, conocí a un hombre que estaba muy enfermo y mientras hacíamos una oración de liberación el demonio reclamo derecho legal, su adulterio fue descubierto y aunque el pecado había pasado hace mucho tiempo atrás, al demonio no le importo él estaba allí desde entonces, el mismo hombre expreso que había sido en el pasado, pero que desde ese momento nunca jamás volvió hacer feliz, nada lo complacía y nunca se lograba sentirse en paz consigo mismo, y aunque nadie se había dado cuenta, él sabía que nunca más había sido libre, ya que después de ese acto se sentía oprimido, agotado, frustrado y desdichado lo cual le causo una enfermedad terminal y estaba a punto del divorcio, pues el demonio que entro en él al momento que cometió la fornicación su objetivo era destruirlo.

Ese día Dios le dijo que el pecado de adulterio tiene un demonio que comanda cuatro mil cuatrocientos noventa legiones, y no me refiero a tener una amante por mucho tiempo, hablo de tener una relación sexual con alguien que no es tu esposa o tu esposo, puede ser incluso un solo acto, esa es la herramienta más común de los espíritus inmundos para destruir el ser humano.

Los demonios se alimentan del semen y es la herramienta más poderosa de las tinieblas para matar espiritual y físicamente a grandes hombres y mujeres de DIOS el adulterio y la fornicación son esas pequeñas zorras de las cuales nos advirtió el señor Jesús Cristo, hoy en día hay muchos cristianos que creen que si nadie lo sabe no sufrirán consecuencias y no se trata de ocultarlo a los demás, pues de quien se deberían de esconder es de satanás y sus demonios. Porque esos son los que destruyen esta es una advertencia para los que se creen que son más listo y que nadie los agarra en la movida no sucederá nada malo, después de tener esta información tú decides qué hacer.

Los demonios nos incitan a hacer las cosas, ya que es una forma muy fácil de derrotarnos, esa es la razón por la que grandes hombres y mujeres de Dios han perdido todo, por no haber resistido al diablo. Es importante tener conocimiento para estar alerta y cortar toda forma inmediata del espíritu inmundo del pecado sexual, la biblia habla acerca de esto, dice que el pecado es cometido en contra de nuestro cuerpo, la razón por la que nuestro cuerpo es expuesto, no solo literal sino espiritual es porque nuestra alma también se conecta con la otra persona en cada acto sexual, no solo porque se enamore de la otra persona con la que tuvo sexo, yo sé que es un tabú para muchas personas hablar de este tema, pero es una arma muy poderosa y silenciosa que satanás usa para destruir a la humanidad, tanto así que la biblia cuenta que los mismos ángeles caídos tuvieron sexo con las mujeres de la tierra, esa fue la causa por la que Dios destruyo la tierra con agua en la era de Noe, quiero que tengas la mente para familiarizarte con esto, para que te desconectes de lo malo, hoy quiero que aprendas a cerrar toda puerta que hayas abierto en cuento a este asunto. Renuncia a todas los pecados sexuales incluyendo pornografía, fornicación, adulterio, bestialismo, lesbianismo, homosexualismo, todo depravación sexual y otros trastornos relacionados con este tema, incluyendo a través de los sueños donde estas en un acto sexual ya que también esta es una estrategia de satanás ministrar a través de los famosos sueños mojados, esa es la manera más común tener sexo con los demonios, si muy pocos hablan de eso pero es muy cierto hoy en día hay muchas personas que tienen sexo mientras duermen son demonios que provocan eso no permitas en ningún momento que te suceda ya que es una manera demoniaca, ¿cómo salirse de esto? reconociendo que esto es pecado y arrepintiéndose, confesando que es algo que destruirá tu vida quitándole a si todo derecho legal que le hayas dado a satanás, nunca es tarde para comenzar.

La gran mayoría piensa que pecar es solo término de cristianos déjeme decirle querido lector que en realidad para mi pecado significa puerta para que todo lo malo venga a tu vida, puedes declarar soy prospero, soy sano, soy bendecido, soy feliz, pero si estas en la cárcel del pecado jamás serás bendecido, dirás si algunos artistas famosos viven en lujurias y desenfrenos, y tienen grandes riquezas materiales y hasta parecen ser muy felices. Te sorprenderías saber lo desdichados que son, aun los que han hecho pactos con satanás consciente o inconscientemente pues él es astuto, todo lo que no es del Señor Jesucristo y dirigido por el Espíritu Santo es de satanás, el dicho el diablo le paga mal; al que bien le sirve. NO tengas envidia de los impíos, comienza por cambiar tu manera de pensar

> ## SALMOS 91:8
> [8] Ciertamente con tus ojos mirarás, Y verás la recompensa de los impíos.

Los pensamientos negativos son uno de ellos, todo pensamiento de desconsuelo, tristeza, baja autoestima, inseguridad, miedo, temor, angustia, son formas de entradas demoníacas, en forma de enfermedades o en problemas.

Quiero decirte algo especial, no sólo quiero repetir lo que muchos ya dijeron, como que cambies esos patrones, quiero que tengas confianza en ti mismo, la información principal es que Dios está sobre todas las cosas, no quiero que estés viendo demonios o espíritus inmundos en todas partes, deseo que aprendas a ver a Dios en todas las cosas, para que vivas sin limitaciones, te di a conocer cuáles son las puertas de entradas a los demonios para que aprendas a cerrarlas.

IX

TECNICAS PRACTICAS DE SANIDAD Y LIBERACIÓN

Como posesionan y como influencian los demonios, ya que las formas son estratégicas quiero que te concentres y pongas mucha atención, pues será una experiencia muy poderosa, te revelare como ser libre de estas situaciones y podrás tener el poder natural para poder cambiar cualquier circunstancia que este sucediendo, los pensamiento son tuyos; tú los puede cambiar, los sentimientos son tuyos; tú los puedes cambiar, las creencias son tuyas; tú las puede cambiar, eso quiere decir que puedes tener el control. Sabemos que lo que pensamos es importante porque generamos imágenes y creamos resultados, lo que decimos y pensamos influye de una manera sorprendente.

La mayoría de veces pensamos contrario de lo que queremos, por ejemplo alguien quiere bajar de peso, le escuchamos decir todo el tiempo palabras con estas: estoy gorda, nada me queda bien, todo me engorda, si como siento que reviento, incluso puede tomar agua y pensar que eso las engordo, no sé cómo parar esto de la comida y dice estoy más gorda me veo fatal y lo que es peor después de comer siente que hizo algo malo y se queja y se queja y repite continuamente lo mismo y los mismo.

En una ocasión mi hermana mayor me observaba comer y se quejaba diciendo yo no podría comer esa cantidad de alimentos, creo que si lo hiciera no pasaría por la puerta, ese no es la mejor manera de hablar, al contrario, si el resultado que esperan es verse bien, esbelta y con el cuerpo que deseas.

Cuál es la causa por la que las personas no pueden tener lo que desean con todo corazón y en muchas ocasiones se aíslan por no poder cambiar las situaciones, vamos a ir a la causa no solo el problema vamos a darte una palabra de empoderamiento primeramente quiero que tomes conciencia que tus palabras tienen poder cuando dices esas palabras estás atrayendo hacia ti lo que dices, esa la razón por la que siempre digo mi metabolismo es rápido tengo que comer todo lo que necesito para estar en forma, soy suficientemente esbelta, siempre me gusto cuando me veo al espejo, y no es arrogancia, es autosuficiencia y estima alta.

Las personas comúnmente están enfermas y gordas, deprimidas y sumergidas en una cantidad de problemas. Hoy iremos a tu programa yo siempre lo comparo con un software de tu computadora si no está actualizada no tendrás buenos resultados lo mismo es nuestra mente si no le damos los pensamientos correctos tendremos resultados no deseados, es lo bueno de esto que eres dueño de tus pensamientos tú los mandas a tus pensamientos esa es buena noticia verdad, identifica primeramente el problema y nos enfocaremos en la solución, las tinieblas te hacen la guerra, los demonios están temblando con el simple hecho de que información está llegando, porque desde ese momento la liberación está tomando lugar por el conocimiento para liberarte, vivir libre y tener todo lo que tu corazón desee.

Daremos nuestro primer paso, estas en sobre peso y no sabes cómo comenzar, no funciona ninguna dieta, está bien; comencemos cierra tus ojos y dirás ¿cómo sigo leyendo verdad? está bien leer ahora y luego cuando practiques la técnica cierra tus ojos y recordarás en qué momento te sentiste triste o si hay una escena en tu vida que haya entrado un espíritu de sufrimiento, tristeza, desánimo, dolor o pérdida de algo valioso, como un ser querido que falleció o si fuiste maltratada, abusado física o verbalmente sé que esto puede ser doloroso pero es necesario para ser sano o libre necesitas encontrar el momento del problema y con tus ojos cerrados dirás perdono a quien me causó el daño, si fueron tus padres, un maestro, un hermano o cualquier persona que lo causó, si no recuerdas pero sientes que alguien te hizo daño está bien no necesariamente tienes que ver o recordar lo importante es que sientas que eres libre de ese momento para que lo que causó una inseguridad o insuficiencia en ti sea en este momento rechazado y dirás, rechazó este momento o esta situación la rechazó hoy tengo el derecho legal de cancelar esta situación, quiero que en tu mente y tu voz hablando digas este momento me causo dolor dando lugar así a las tinieblas, satanás o como tú te sientas bien llamándolo yo lo llamo el mal que entro en mí, cualquier espíritu que haya tenido puertas abiertas para entrar en este momento la cierro no me causara más dolor, no me causara más tristeza y sale dejándome libre para ser feliz, para gozar mi vida y prosigue diciendo se va y no volverá, nunca más me hará sentir triste o desanimada y mucho menos fracasado o frustrado de hoy en adelante te dirás palabras como soy cabeza y no cola, en Cristo soy más que vencedor o algo muy simple como soy suficiente, esta es una palabra muy completa la adopte como mi filosofía, la aprendí en un seminario de mentes maestras y me ha funcionado para subir mi autoestima, ya que yo también tuve una niñez no muy buena creía que había sido abusada y muy maltratada por mi madre y por muchos años sufrí de baja autoestima y esto fue el causante de muchos de mis fracasos y a pesar que mi creador me llamo para cosas grandes, casi nunca alcanzaba todo el éxito en lo que quería o sentía que merecía, aunque soy bastante buena en muchas cosas creo que he fracasado muchas veces, y hoy sé que nadie fracasa, que es solamente la forma de aprender para algunos , ya que hay dos formas y esa es la primera donde aprendes a golpes; creo que no es la mejor manera de lograr el éxito, hoy he aprendido la otra manera de aprender por medio del conocimiento, y tenemos mejores resultados, vaya que sí pues me auto sané y me libere. Hoy vivo libre para ayudar a otros y perdonar desde el lugar que lo causó es un buen paso para sanar y ser libre toma malo muy en cuenta, la mente no muy complicada te voy a ofrecer una información simple quiero que entiendas que tu mente hace lo que le digas que haga y pondrás a trabajar tu mente a tu favor para solucionar tu problema sea físico o económico.

X

SU DERECHO DE OBTENER LO QUE DESEA

Tendrás que decir cosas extraordinarias, dirás eso parece muy simple pues sí; así es. Lo más difícil es acostumbrarte a trabajar con tu diálogo interno, asegurándote de enviarle mensajes claros, esa es la razón por la que cuando ordenamos a los espíritus inmundos del cuerpo de alguien que esta posesionado nunca le hablo en lenguas, siempre le hablo claro como: fuera espíritu, sal de este cuerpo que no te pertenece, bueno no paro hasta que obedece, algunos salen pronto otros un poco más difíciles, todo depende de la persona porque algunos espíritus están allí legalmente, cuando tienen un derecho legal y esto es cuando la persona misma es quien quiere que este ahí, bueno dirás no creo que haya alguien que le guste estar enfermo, con sobrepeso o posesionado; increíble verdad voy a contarte una experiencia que tuvimos en nuestra congregación.

Nos visitó una joven que ya la bien llevado a otros lugares buscando liberación, se presentó a la hora de la oración y en el mismo momento el espíritu demoniaco se manifestó, haciendo que su cuerpo se moviera como si fuera una serpiente, esto no es algo así como espiritual que solo yo lo estuviese viendo, realmente todos lo podían ver físicamente y empezamos a declarar y a ordenarle reprendiendo que tenía soltar ese cuerpo el demonio empezó a decir tengo derecho legal no saldré por lo que lo ignore, no me interesa hablar con demonios he visto a muchos que les gusta hacer esta clase de cosas yo prefiero sacarlos y listo, nunca pierdo mi tiempo en eso pero este demonio era tremendo, los miembros de la iglesia que estaban presentes esa noche, no eran muy expertos pues nunca habían presenciado una libración de esa magnitud, con el Ministerio de liberación en la iglesia recuerdo que les dio temor a muchos y en realidad en esta situación no ayudaban verdad, pero allí estábamos decididos a liberar esta joven, le hable nuevamente al espíritu inmundo, tengo autoridad para ordenarte que salgas y no salía y recuerdo que guarde silencio un poco para escuchar el Espíritu Santo que me diera palabras con más autoridad pero sentí de parte de Dios pregúntale si ella quería ser libre, y me sentí boba ya que estaba viniendo de lejos esta absurdo, como pensar que no quiera ser libre en ese momento, era asombroso pero ella respondió si quiero ser libre entonces me confundí un poco más y dije la razón por la que el demonio entro y fui específica y le dije la razón por la que estaba ahí y que lo alimentaba y pregunte dejarías de hacer esto, ella practicaba depravación sexual y juegos eróticos con su novio para muchos es normal tener sexo fuera del matrimonio, pero no es bueno creo que después de leer este libro lo pensaras un poco más, la entrada de este demonio fue en el momento de una práctica sexual y cuando dije dejarías de hacer esto tendrás que reconocer que esto es malo, te arrepentirás, renunciaras y desautorizaremos este demonio, es la manera más práctica que piensas estas dispuesta pregunte y ella sonrió y dijo no porque yo amo mi novio y no quiero terminar esa relación y yo y le conteste está bien por qué no puedo liberarte si tú no estás de acuerdo, entonces le dije demonio te ato y te ordeno que te aquietes y pares de moverte y se quedó sin moverse más pero se quedó sin salir, bueno tuve suerte de no sacarlo se imaginan sacar a alguien de su casa sin autorización que bueno que DIOS nos dio dominio propio.

Ser libres de albedrío significa ser responsables de nuestras acciones, dirás porque no lo sacamos y la dejábamos libre, eso deseábamos nosotros pero la palabra dice que cuando un espíritu inmundo sale de un cuerpo va y anda por lugares vacíos y no encontrando reposo vuelve y a su casa y encontrándose barrida vacía y adornada, va allí trae siete más y la condición postrera es peor que la primero, es importante, que las personas que van hacer liberadas tenga el conocimiento y conciencia de lo que sucede para que tomen la decisión por ellos mismos, es importante que haya una transformación en sus vida para mantenerse .

Fue una maravillosa experiencia, pues hoy entiendo que es muy importante querer y es nuestra decisión tiene ser clara como quiero ser libre, pero no quieres cambiar de acción no funciona.

Este en próximo paso aparte de programar tu cerebro tendrás que tomar acción para mantenerte, antes de continuar quiero explicarte como funciona quiero que siempre que ores y hagas una declaración o renuncia a cualquier espíritu inmundo lo dices en voz alta ya que así es como se escuchan las oraciones en la mente no funciona para sacar demonios eso funciona cuando quieres hablar con tigo mismo ya que ese se llama diálogo interno.

Funciona cuando quieres hablara con Dios o lo usas para que el mundo oculto no se entere, yo estuve escribiendo parte de este libro en un diálogo interno con el Espíritu Santo ya que no quiero que las tinieblas se enteren de lo que estoy escribiendo fue una experiencia maravillosa porque estoy revelando estrategias de guerra espiritual para destruir toda obra del diablo y que el quede derrotado cuando tu cambias tu manera de hablar.

Tu cerebro empieza a crear poder para derrotarlo ya que en la mente es el lugar o campo de batalla, la razón por la que más entiendes como funciona más fácil será tu vida.

XI

COMO DERRIBAR LAS FORTALEZAS MENTALES DE SU INCONSCIENTE

La mente aprende repetitivamente entre más repites palabras afirmativas o empoderada como, tengo éxito, soy genial, tengo GOZO soy suficiente me siento maravilloso, tengo todo lo que quiero soy más que vencedor todo lo puedo en Cristo hay victoria y así reemplaza por estoy triste, estoy cansado ya no puedo más.

Cambia esa forma ya que esas solo son puertas para que los espíritus inmundos entre a tu vida a destruirte y empezaras a vivir lo que dices, porque creas un pensamiento y tu pensamiento te crea a ti, y esto no es solo para los convertidos, esto es en general la razón por la que el conocer la verdad nos hace libres, estarás diciendo Rosa es que tú no sabes que mi situación es tremenda no puedo engañarme, a mí misma la situación es demasiado fuerte, la enfermedad es tremenda, o mi problema sobrepasa lo que yo pueda hacer.

No puedo mantenerme positiva en esta situación, déjame decirte que a ti no te puedes engañar, pero a tu mente sí; ella no sabe, ella solo obedece y dirás es malo mentir, déjame decirte que no, pues no estás mintiendo estas llamando las cosas que no son como si fueran, estas triste y tu mente se encargará de traer a tu memoria imágenes que te hagan sentir peor, porque ese es su trabajo traerte lo que tú le mandes.

RECUERDO un día conversaba con FREDDY mi amado esposo, a quien bendigo con todo mi corazón, en muchas ocasiones el era como mi conejito de laboratorio, practicaba con él cada experiencia y en una ocasión me dijo tenemos que ser realistas, esto no está funcionando; no podemos pretender que podremos hacerlo si no tenemos cómo, y yo sonreí y dije; si yo soy realista y ese es el problema de muchos que confunden ser realistas y se conforman con lo que tienen en la actualidad, yo soy muy realista nunca llamó las cosas por lo que son, ya que esa no es la realidad, la realidad es que esa no es tu vida, tu vida no se estanca no se queda en el hoy, sin avance recuerdo decir yo sé que no tenemos dinero pero tenemos al dueño de todas las cosas, yo sé que hoy no está el aumento pero está en camino, yo lo espero y sabes cada vez que pagamos la renta del local de la iglesia decía me encanta pagar de nuestro dinero que bueno que Dios nos permite bendecir de esa forma y siempre que pagábamos me sentía muy agradecidos con Dios por poder hacerlo, he hicimos muy bien, porque pronto habían personas que estaban haciendo lo mismo, ya que yo entiendo cómo funcionaba mi mente, ella hace lo que yo le mando, que haga porque entendí que Dios es el verbo y el verbo era Dios y el verbo es la palabra y las palabras vienen de lo que pensamos y entonces me encargo de decirle a la mente lo que quiero que haga y no es que diga que es diga que es la mente y palabras positivas, sino como una manera de vivir en acorde a lo que decimos por eso hay muchos positivos y se declaran en bendiciones éxito prosperidad y todas esas esas cosas buenas que muchos queremos.

Es importante tomar muy en cuenta que hay un mundo de tinieblas que están en contra de nosotros, en una ocasión tuvimos la oportunidad de conocer a un hombre de muy buen parecer, con una posición adinerada, muy positivo y declaraba la palabra de Dios, creo que por un momento me impresionó por su gran conocimiento, conocimos a su esposa muy linda por cierto creo que cualquiera diría la pareja perfecta, parecía que todo estaba muy bien, aparentemente bendecidos, prósperos y por qué no decirlo aparentaban tener todo.

Cuando comenzó la ministración el Espíritu Santo dio su revelación era una situación totalmente desgarrador, el hombre tenía una amante y un hijo con otra mujer, me di cuenta lo mal que estaban como pareja, estaban frustrados y comp0lentamente destruidos en realidad eran los peores padre que pude conocer, no eran felices el espíritu demoniaco del adulterio llegó para destruir y acabar con todo, esta mujer que despúes llegó hacer una de mis mejores amigas hasta el día de hoy siempre le da gracias a Dios por haberme conocido dice que le salve la vida en realidad no fui yo , fue el poder sobre natural de Dios que es el único que puede hacer las cosas perfectas, sé que sin el poder de DIOS jamás hubiese podido ayudar a esta familia, el enemigo llegó para robar, matar y destruir esa es su especialidad, fue una experiencia muy especial ya que su restauración fue muy compleja y en esos inicios no extendíamos las cosas como hoy, creo que hubiese sido más fácil pero bueno usamos mucho la fe, hacíamos declaraciones que hoy podemos verlas si hubiésemos sido realistas nunca hubiésemos visto su restauración; así que hay que cuidarnos de los espíritus demoniacos, recuerda que ellos son los príncipes de los aires, eso quiere decir que están en el aire espiando en qué momento entran, siempre entran por acciones y/o palabras, dos cosas que funcionan igual, lo mismo para liberar palabras y acciones cuentan casi en la misma magnitud.

Así es, no hay una teoría lógica, pero hay una confirmación natural basándonos en las experiencias vividas por nosotros mismos y por los que escribieron la poderosa palabra de la biblia que es un conjunto de libros donde conocemos que tiene la perfección divina, confirmó que la biblia es un narrativo que trata de la revelación de Dios a la humanidad, su autor es Dios mismo, su verdadero intérprete es el Espíritu Santo y su tema central es Jesucristo.

Te dejo saber esto para que seas libre de toda atadura y de toda enfermedad y que puedas vivir una vida plena y satisfactoria, pues el propósito de Dios es que seamos felices y gobernadores de esta tierra, teniendo una vida plena, ese él es propósito de Dios en nuestra vida. Pero satanás el diablo nuestro adversario envidio la naturaleza humana e introduciendo la maldad en el hombre para destruir la obra perfecta del creador, como diciendo toda clase de mentiras o verdades a medias, tanto así que hay mucha gente de Dios que sirven al dueño de todo y son tan pobres que tienen que vivir en la miseria de este mundo, enfermos, pobres e infelices porque creen que Dios los quiere así, no se dan cuenta que Dios dijo mis pensamiento no son vuestros pensamiento

ISAIAS 55:8
[8] Porque Dios tiene pensamientos de grandeza

Y los pensamientos del hombre son limitados y por causa del pecado se limitan aún más, comúnmente parece ser normal de lo que el reino de las tinieblas toma la ventaja, ocultándonos así el poder sobrenatural que está a la disposición de todos los que creen, sembrando en nuestro corazón duda para que so seamos capaces de creer, sencillamente porque no entendemos como realmente funciona de esa manera, no creyendo. Por ejemplo, tenemos el imán que atrae al metal de manera natural, o como el sol me mueve alrededor de la tierra, pero nuestra mente lo asimila como un proceso normal y natural porque hemos crecido viéndolo, aun no entendiendo en que nos afecta o nos beneficia. De la misma forma repetimos patrones que son de nuestro alrededor, pero cuando se trata de lo que nos beneficia senos hace más difícil asimilarlo esforzando a nuestra mente a entender todas las cosas; sin embargo, quiero que entiendas que la mente no tiene que entender todo para beneficiarnos de este poder.

Un ejemplo común: Todos sabemos que comer comidas altas en grasas y calorías, aumentamos más nuestro peso, pero no podemos parar de comer, aun sabiendo que nos hace daño, porque la mente busca lo conocido de la misma forma que sabemos lo bueno y no lo hacemos.

Hoy usaremos nuestra mente para quitarnos unas libritas de más, si el problema de nuestro sobrepeso no es de carácter demoníaco como lo hablamos en el capítulo anterior y en este caso la razón es por lo que comemos.

Vamos a reprogramar nuestro cerebro familiarizándolo con comida saludable y des familiarizándolo con la comida grasosa, como lo vamos a hacer entendiendo como funciona la mente, ella siempre vuelve a lo conocido. Cuando fue la última vez que comiste una rica ensalada o deliciosos vegetales y tu mente dijo que rico, por que tu mente familiariza y te quiere hacer comer lo que le gusta, unas deliciosas papas frita, porque la mente crea imágenes y las imágenes crean tu vida.

A partir de ahora en adelante comenzarás a darle diferentes imágenes a tu cerebro, diciéndole correctamente me encanta la comida saludable, la comida saludable es deliciosa y cuando la mente te traiga ideas diciendo que te encanta más la comida grasosa, dominaras el pensamiento, comeré pizza cuando haya bajado veinte libras, familiarizándose así con lo bueno, dándole así ordenes específicas a tu mente. En ocasiones dirás si funciona porque solo tienes que cambiar las palabras para que haya resultado, hay poder en la lengua entendiendo que la muerte y la vida están en la lengua.

> ## PROVERBIOS 18:21
> [21] La muerte y la vida están en poder de la lengua,
> Y el que la ama comerá de sus frutos.

La mente aprende repetitivamente, cuanto más lo dices lo crees más; porque creer viene del oír y de oír la palabra, llamando lo que no es como si fuese, empieza a decir en voz alta: soy esbelta, me veo espectacular, me siento muy bien haciendo ejercicio, me encanta alimentarme sano, reprogramando así tu forma de hablar y empezando a hablarle a lo que quieres para hacerte sentir bien y formar esas imágenes en tu cerebro de cómo quieres verte, hablando con autoridad y evitando decir palabras negativas contra ti mismo.

Toma el reto y hazlo por veintiún días, se dice que si haces algo repetitivamente por veintiún días se convierte en un habito tomando en cuenta que el cerebro te enviara palabras que tu conoces muy bien, tratándote de llevar a lo conocido; estoy cansada, estoy aburrida, no puedo, ya no doy para más, sigue trabajando con tu cerebro y reemplaza esas palabras negativas por afirmaciones que te van a cambiar actitud, ya que de esa manera crearas palabras en tu mente que necesitas en la vida para mantenerte en una vida satisfactoria, porque estar bien es nuestro mayor objetivo.

La diferencia de las personas que no programan su cerebro he intentan otro método de bajar de peso, incluyendo cirugías costosas para reducir sus estómagos, se ha visto que años después se engordan más porque su cambio fue solo físicamente y no mentalmente, el cuerpo solo obedece lo que escucha, cambia tu forma de hablar para que tu mente cambie su forma de pensar y cambiará tú vida, recuerda cambia tu enfoque y cambiaras tu resultado.

XII

LA TENDENCIA A LO CONOCIDO ES LO MALO

Esa es una de las razones por la que no escribo el nombre de lo demonio en este libro, ya que crea en nuestra mente el temor de su poderío y cuando estás siendo enfrentado a ciertas circunstancias la mente lo asimila al demonio y crea un piloto automático de advertencia creando miedo, temor y angustia, esto nos desventaja, trayéndonos una imagen no favorable para nosotros.

Es muy común, cuando el médico dice tienes cáncer o tienes una enfermedad terminal, el cerebro dice cáncer y empieza a generar ideas como el cáncer no tiene cura, esto es fatal, no podrás sanarte, este es tu final. Porque esa es la imagen que hemos creado acerca de esa enfermedad. Es tanto así que sobrevivir a esta enfermedad es casi imposible.

Conociendo cómo funciona la mente, tratamos de hacer cosas diferentes. Fue la razón por la que cuando nos trajeron una señora de sesenta y siete años con cáncer en su matriz, pedimos primeramente al médico que no se le de esa información a ella, ya que buscando la posibilidad de una cirugía era un riesgo demasiado alto, por su edad avanzada, llegando a esa decisión porque sabíamos que al saberlo ella no lo resistiría, creo que fue lo más inteligente que hicimos.

Comenzamos las oraciones y ministraciones, buscando en sí el momento en que el espíritu del cáncer había entrado, sé que este tema es muy difícil y contradictorio, ya que muchos de nuestros seres querido han perdido la batalla y nuestra mente reconoce comúnmente el cáncer como una enfermedad y no como un espíritu, pero en nuestra experiencia agradecemos a Dios por la oportunidad de entender que esa enfermedad es causada por un espíritu demoníaco, la enfermedad en si no lo es, pero es ocasionada por ellos.

Esto lo comprendí por las experiencias que hemos tenido con diversas personas, haciendo así declaraciones y renuncias en cada una de las sesiones de ministración, lo que nos ha dado resultados extraordinarios, incluyendo esta señora de sesenta y siete años, sanándose de cáncer en la matriz. Eso fue hace unos años, hoy podemos celebrar sus setenta y dos años que emoción verdad, su cáncer se secó o simplemente desapareció, ya que posteriormente se hicieron análisis y no se volvió a encontrar.

Fue una movida muy inteligente no dejarle saber, ya que conociéndola a ella no sería fácil cambiar la información que ya tenía en su cerebro y hubiese sido más difícil lograr su liberación y sanidad.

Hoy por hoy hemos experimentado muchas situaciones similares con diferentes enfermedades y en diferentes situaciones, esto suelo suceder no solamente en las enfermedades sino también en los negocios, relaciones y en toda clase de situaciones, muchos no lo intentan por que otros ya fracasaron, esa es la excusa perfecta, ya alguien lo intento y fracaso y por eso tienen miedo intentarlo, me da pena porque no se dan cuenta que la derrota de alguien más, ya grabo el mensaje en su mente; tanto así que ya están derrotados, porque el peor fracaso en la vida es cuando sin intentarlo ya te has dado por vencido.

REPROGRAMANDO LA MENTE

Vuelve a ese momento donde experimentaste y le distes entrada al espíritu del fracaso, pudo haber sido cuando eras niño, o ya de adolescente, cuando alguien te dijo, eso no es para ti, o tú no puedes hacer eso, sembrando en ti la duda de hacerlo, te ato a no intentarlo y esa es la razón por la que hoy en día, no intentas hacerlo, porque el espíritu de cobardía entró y se quedó allí, causando que tengas miedo de intentar.

Es la razón por la que vemos personas con grandes talentos y muy capacitados para lograr éxitos en una determinada situación y vemos que no logran lo esperado.

¿Cómo lograr que esto cambie? O como programar nuestras mentes a favor de lo que queremos. Como lo he mencionado anteriormente en qué momento entro, para ir a ese momento para atarlo y sacarlo desde allí, y reprogramo el momento, diciendo lo que quiero escuchar. Lo que desearía haber escuchado por la persona que sembró la duda o el temor, diciéndome a mí mismo lo que desee escuchar.

Por ejemplo en vez de aceptar las palabras de duda o limitación decir: escucho a mi madre o padre o cualquier persona quien te dijo que no podías dirás, escucho decir que puedo hacer todo lo que me proponga, que soy muy buena en lo que hago, que soy excelente, que lo hago muy bien, una vez diciéndote esto lo repetirás las veces que sea necesario para que tu mente lo reconozca, para cuando te afrentes a algo que quieres intentar tu mente te dirá "Eres muy buena, puedes lograrlo" por qué nuestra mente solo repite lo que ya escucho. Aprendemos repetitivamente, como ya lo he mencionado y lo menciono en repetidas ocasiones en este libro.

¿Creo que estas entendiendo como funciona verdad? Es un conjunto de cosas, te dije no es suficiente solo ser positivo, aunque es muy importante que entiendas como funciona, ya que entendiendo que vivimos en un mundo que es controlado por lo que NO se ve, ¡¡¡así increíble!!! Que lo que ves en realidad lo controla lo que no ves con tus ojos naturales. Si no puedes ver el Espíritu de Dios, pero es real, tampoco los demonios, aunque hay quienes dice que los han visto, ese es un don en particular, pero la gran mayoría creo que solo se los pueden imaginar y se crean en la mente imágenes conocidas, asimilando en la mente con lo que ya han visto, con esto no quiero decir que no son reales, sino puede ver con los ojos naturales, porque los demonios no tienen cuerpo. Todos los cuerpos que los vemos son imaginarios y lamento decirles que las figuras de los ángeles no son como las figuras comunes que han hecho, la biblia nos describe que el Rey David vio el ángel de Jehová

> ## 1 CRONICAS 21:16
>
> [16] Y alzando David sus ojos, vio al ángel de Jehová, que estaba entre el cielo y la tierra, con una espada desnuda en su mano, extendida contra Jerusalén. Entonces David y los ancianos se postraron sobre sus rostros, cubiertos de cilicio

Eso es para que nos hagamos una idea o imagen de como son los ángeles, así que puedo asegurarte de que no son como los comunes, lo mismo sucede con la imagen de Jesucristo, no se parece en nada con ese hermoso hombre rubio que nos han presentado.

Sin embargo, la mayoría de las ocasiones cuando las personas nos han dicho haber tenido una experiencia o una visión con Jesús, describen exactamente la figura que hemos visto en fotos comunes. Porque la mente busca lo similar, lo conoce y eso es lo más parecido. Sin embargo, en libro de Apocalipsis la biblia no lo describe así. Te invito a que veas cómo es su aspecto, hermoso y sobrenatural. Así funciona la mente siempre que trae la imagen que él reconoce y trae información que tienes ya en tu memoria que fue escrita desde tu niñez, por eso la palabra dice

> ## PROVERBIOS 22:6
> [6] Instruye al niño en su camino,
> Y aun cuando fuere viejo no se apartará de él.

Porque ese es el tiempo de formación y grabación en su Cd o un Disco duro, en una mente limpia, donde las personas que tienen influencia en ella, como los que los cuidan su madre, sus maestros, o personas que los rodean, les programan en su mente el fracaso o el éxito, alguno lo hacen consiente o inconsciente.

Lo bueno de esto es que si fuimos mal programados, siempre podemos reprogramar, en la temprana edad somos más frágiles para posesión de espíritus inmundos, los cuales van de aumento en aumento, la razón por la que hemos visto que cuando son niños, empiezan con poco y cuando son adultos terminan destruyéndose a sí mismos, otros tenemos oportunidad de cambiar, si nos damos cuenta a tiempo y nos reprogramamos, yo tuve que cambiar muchas cosas que estaban escritas en mi memoria, pero no lo hubiese podido hacer sin la ayuda sobrenatural de Dios.

Cuando fui bautizada por el Espíritu Santo nací de nuevo, creo que realmente nací. Por qué él se encargó de cambiar todo lo que pensaba, en algo muy diferente, reprogramando así mi mente para lo sobrenatural, que sin la ayuda del Espíritu Santo ni siquiera hubiese podido creer, ya que mi mente fue programa totalmente muy limitada y por procesos puedo compartir que mi niñez no fue la mejor, ya que sucedieron acontecimientos que pudieron causar traumas y complejos. Y todos pueden ser reemplazados a través del poder de DIOS.

XIII

PROGRAMANDO LA SANIDAD INTERIOR

Recuerdo cuando tuve un accidente, causándome una grave situación, estar en coma durante muchos días, al enterarme que un ser querido fue el responsable de mi accidente, me causo un profundo dolor y confusión, sentimientos encontrados, no solo por el propio accidente, ya que la recuperación fue dolorosa y traumaste, agregándole esto más que yo era una adolescente, sufriendo así muchas burlas de las personas que me rodeaban, puedo pensar que eso un argumento poderoso que me afecto, al punto de resentirme y amargarme lo que tuve que superar.

Aparte del dolor físico que me causaron las heridas en la cabeza fueron las heridas en el alma al rodearme de personas sin compasión, pero doy gracias a Dios que me ayudo a superarme, tal vez te identifiques con migo y quizás has estado en tus peores momentos y esperas compasión o cariño o tal vez respeto por tu situación, pero este mundo es bastante cruel y muy despiada diría yo la verdad es que todos estamos heridos de alguna forma y en esas condiciones es muy difícil de poder ayudar a otros pero podemos alcanzarlos de alguna manera, viví muchos años de mi vida lamentándome hasta que decidí soltarlo perdone y me olvide por bastante tiempo no recordé ese fue un momento frustrante que me causo una mala experiencia, creo que lo menos que quería era acordarme de lo sucedido pero parecía que la vida me traía una y otra vez las mismas experiencias era como un demonio en mi vida, así era, lo que yo no alcanzaba a entender por qué no era justo pensaba que necesitaba de cambios, pero no sabía cómo hacerlo no sé exactamente en qué momento este demonio entro, lo que si estoy segura es que trato de matarme en muchas ocasiones tanto que un día me sentí muy afortunada de no morir ya que me sentía como palo de quina o una protagonista de una película de acción.

Antes que entendiera lo que sucedía guardaba la esperanza de que un día estaría bien, mi gran objetivo era sobrevivir, como a muchos nos pasan. Hoy entiendo lo que sucede en mi vida al momento de, accidente entró un espíritu de trauma, de temor, de baja autoestima que me causó mucho sufrimiento, esto cambió cuando me entregue al señor Jesús y decidí darle lugar a él y que obrara en mi vida. Recuerdo un día que sentí la voz del Espíritu Santo diciéndome que es lo que más deseas y respondí perdonar, queo que fue mi mejor decisión porque eso cambió mi vida por completo, ese día algo se transformó por completo sentí que en vez de vivir resentida empecé a sentirme agradecida y en lugar de sentirme víctima empecé a sentirme afortunada, ya que no cualquiera vive lo que me tocó vivir y todavía estar aquí para contarlo, me siento muy feliz y agradecida con Dios por permitirme sanar y restaurar mi viva.

Creo que desde entonces mi mente trabaja a mi favor ya que nunca más me sentí víctima sino afortunada, y me digo constantemente eres muy afortunada y muy bendecida gracias a todo lo que he vivido soy hoy quien soy, sé que hubiese sido más fácil si nada de eso me hubiera sucedido, pero no entendí hasta que un día mi esposo y yo fuimos al hospital de otra ciudad manejando casi dos horas y muy cansados y sobre todo mi esposo ya que él se levanta muy temprano para ir a su trabajo, y era la ora de la tarde donde se forma el tráfico más difícil de la ciudad, finalmente llegamos y entrando en la sala de terapia intensiva nos conmovimos al ver el estado de aquel hombre, era desalentador ya que los médicos habían decidido desconectarlo justo ese día, recuerdo que pedimos de favor que nos dieran un día más para tener el tiempo de orar por él.

Lo que se nos concedió y entramos a la habitación donde estaba el paciente y Fredy mi esposo empezó a orar y sentimos como Dios derramo su presencia creando una atmósfera sanadora en todo el cuarto, escuchamos sollozos y gente llorando, quería abrir los ojos para ver que sucedía pero seguía esperando una palabra de parte de Dios, cuando finalmente hable salió de mi boca, así como yo te levante a ti a los 21 días, así levantó a este para que vean que yo soy Dios de milagros y empecé a llorar, ya que sabía entonces cuál fue la razón por la que Dios me había levantado a mí del coma también, es maravilloso lo que Dios puede hacer.

Al día siguiente, cuando le quitaron las máquinas a que el hombre empezó a respirar por su propia cuenta y uno días después dejó el hospital teniendo una recuperación milagrosa, ya que no necesito ninguna terapia para volver a caminar después de haber caído desde un tercer piso y estar en coma por más de tres semanas, ese día entendí que Dios tenía un plan para mí y un propósito en particular, aunque en ese tiempo no entendía con tanta claridad como hoy, pero funcionó porque siempre dije que bien que fui yo, porque pudo haber sido alguien más pero Dios quería lucirse con migo y vaya que lo hizo, ya que hasta hoy me siento muy afortunada, hoy sé que funcionan mis palabras y que tienen poder, el decirme repetitivamente que fue por algo especial y que me siento muy bien hacen que así me sienta, eso me ayudó a salir de muchos procesos y tengo la fuerza para transformar cada situación difícil en una experiencia maravillosa.

Se requiere de la misma energía para estar preocupado, estresado, amargado o desilusionado, transformarlo en estar confiado o sencillamente relajado, lo que es mejor es que entendamos que siempre en cualquier momento tenemos la capacidad de tomar el control, yo comparo los pensamientos como los niño de la guardería saben que hacer pero si los dejamos hacer lo que quieren corren por todos lugares sin control alguno, así son nuestros pensamientos si no los controlamos creamos un desorden verdaderamente, pero qué bueno que en cualquier momento lo podemos cambiar no tenemos que esperar un acontecimiento especial o una fecha determinada cualquier momento será perfecto puede ser hoy mismo solo tienes que ir a tu mente cierra tus ojos y decir que me causo dolor que me hizo sentir triste o traumado o frustrado por no hacer algo o por haber hecho algo que me marcó de cierto modo quiero que lo traigas al momento exacto para reprogramar a tu favor ya que esa es la entrada de espíritus que te destruyen si es un accidente como a mí.

Ve a ese momento como yo lo hice y empecé a decir perdono a mis padres por no protegerme como hubiese deseado, me perdono a mí por ser inocente y no darme cuenta que me puse en peligro, empecé a llorar y a exprese mis sentimientos sin limitarlos, era justo lo que necesitaba, continúe auto liberándome, me vi el lugar del accidente y empecé a decirme en voz alta todo el dolor que sentí empieza a desaparecer ahora, el espíritu de miedo, dolor y trauma sale de mi hoy. Cierro toda puerta que se haya abierto consciente o inconsciente, si le he dado derecho legal hoy se lo quitó, lo desautorizado de la misma forma que lo autorice. Tú también puedes auto libertarte si es necesario deja de leer para hacer el ejercicio, no te preocupes quiero te liberes hoy y puedas vivir la vida que te mereces.

Esto lo puedes hacer las veces que sea necesario y diversas ocasiones, no importa cuantas veces lo hagas o por el motivo que hagas, siempre funciona y lo puedes hacer aun con las cosas que no recuerdas, funciona también. La razón por la que no recuerdas, pero sientes el sentimiento es porque cuando algo nos causa mucho dolor el cerebro crea un sistema de defensa que te hace creer que ya lo olvido, pero eso lo es un truco de defensa de nuestra mente, ya que ella ha sido diseñada para hacernos sobrevivir de cualquier manera, otra razón podría ser porque pudo haber sucedido cuando estabas muy pequeño o incluso en el vientre de tu madre y no puedes recordarlo.

Eso lo descubrí al ministrar a una miembro de nuestra iglesia que era de tercera y se había sentido toda su vida menospreciada, siempre se estaba quejando que nadie la quería y por más que le mostráramos nuestro cariño nunca era suficiente hasta que un día la tome de las manos y le dije hermana cierre los ojos y dígame en qué momento alguien la rechazo y la hizo sentir no deseada, ella inmediatamente se soltó a llorar desconsoladamente, espere con mucha paciencia y finalmente dijo no puedo recordar, pero me duele mucho, puedo sentirlo, pero no recuerdo, sonreí y dije no importa si no puede recordarlo de igual manera lo rechazaremos y le ordenaremos que salga de ti, no puede afectarte nunca más y le dije; algunas vez le preguntaste a tu madre si ella decidió no tenerte y ella sigue llorando y me dijo si, mi madre no quería tenerme, dijo que yo vine a arruinar su vida que era ella muy joven cuando salió embarazada de mí y que no estaba lista para ser mama, tuvo que dejarme al cuidado de mi abuela mientras ella tenía que trabajar para salir adelante, luego se casó y tuvo más hijos los que siempre tuvieron más privilegios que yo, le dije esa es la razón por la que siempre te sentiste rechazada y no pudiste verlo porque fue desde que estaba en el vientre y cuando eras una bebe.

Hicimos la misma oración y volvimos a visualizar el

momento, y tome el lugar de su su mama diciendo te deseo, eres algo muy especial para mí, yo tuve que decir esas palabras que ella deseaba escuchar, la abrase y dije eres lo más deseado de mi corazón, dio un cambio radical se dio cuenta que nunca había sido feliz que toda su vida se había sentido rechazada y no deseada pero hoy puede abrazar a su madre y sus hijos y finalmente su vida cambió con el simple hecho de reprogramar lo no deseado por lo que deseamos. Recuerde que nuestra decisión es muy importante si nosotros mismos no deseamos ser sanos o libres no habrá poder humano que nos libere es bien importante que deseemos y queramos hacerlo, quiero decirte que hacerlo es más importante ya que no necesitas tener una gran fe para que funcione, lo único que necesitas es hacerlo porque esto no es que lo intentes simplemente lo haces, no hacerlo te mantendrán en una situación no deseada.

XIV

LIBRE DE TODA PERSUASIÓN

La persuasión es el juicio que se forma a través de un fundamento y se utiliza la argumentación como soporte principal y fundamental para un fin determinado, influencia social de las creencias, actitudes, motivaciones, y comportamientos, nos hemos formado ideas que no son ciertas y afectan gravemente nuestras vidas la gran mayoría de cristianos son tan cerrados en lo que han creído que no abren su mente para hacer cambios, aunque estén viendo con sus ojos los milagros que Dios hace en sus vidas o en los demás.

Recuerdo un hombre que impactó grandemente a toda la congregación, mientras estaba predicando el Espíritu de Dios me dio revelación, me acerque para darle el mensaje, el cual me sorprendió a mí también por la magnitud de lo revelado, mis palabras fueron directas y muy claras dije así dice el señor; la muerte está muy cerca de ti y está esperando un momento para tocarte y arrebatarte tu vida, el hombre me vio muy indiferente a la revelación que estaba escuchando, como si no le importara lo que sucediera en su vida, al observar su comportamiento le pregunte entiendes lo que Dios te está revelado y respondiendo dijo si, entiendo muy bien, porque yo sé cómo habla Dios, eso me dio paz y dándole la espalda continúe la predicación, que era lo que estaba haciendo, cuando el Espíritu me dijo dile que no cumplirá treinta años, me acerque a él nuevamente exactamente lo que el Espíritu me hablo, que moriría antes de cumplir sus treinta años, y él ni siquiera se sorprendió, solamente expresó con su rostro como si no le importa, a mí me dio sentimiento y le dije te gustaría aceptar al señor Jesucristo hoy como tu salvador, ya que estas escuchando el futuro si hoy entregas al señor tu vida y mueres, la biblia establece que al que cree aunque esté muerto vivirá tendrá parte en la vida eterna, motivándolo a aceptar así al señor Jesús y si él toma a bien prolongar más tu tiempo de vida será algo grandioso de su parte, te gustaría aceptarlo y él me contestó no estoy listo, además me siento muy bien de salud.

Que tristeza sentí en mi corazón cuando me entere del desenlace que tuvo esa profecía, ya que un mes después supe que el joven murió debió de un paro cordiaco causándole la muerte un día antes de cumplir sus treinta años, esto nos sorprendió la verdad porque no sabemos si él hubiese aceptado recibir al señor Jesucristo como su Salvador lo hubiese salvado de la muerte y aun estuviera con vida. No podríamos garantizar eso, pero sí sé que el que muere creyendo que Jesús es el señor tendrá parte en la primera resurrección.

Es muy común que a nuestros servicios asistan personas con enfermedades terminales y sabemos que el espíritu de la muerte está muy cerca de ellos, pero una oración de intercesión de fe cambia toda circunstancia, es muy sorprendente ya que lo más difícil no es reprender u ordenarle al espíritu de la muerte que los suelte, sino lo más difícil es sacarlo de su pensamiento, hemos tenido algunas experiencias al ministrar, el espíritu de la muerte se va y la enfermedad se sale y los cuerpos son sanos, pero las personas siguen sintiendo los síntomas, algunos se repiten sus analicen médicos porque no pueden creerlo y toca que reprogramarlos haciendo declaraciones diarias como estoy sano, estoy en perfectas condiciones, cada día me siento mejor, estoy completamente bien, esto se tiene que hacer rutinario por la mañana salir y ver el sol y sentir la vida, muchos se sanan solo con las declaraciones positivas y las afirmaciones constantes crean lo que están diciendo, eso es el éxito rotundo cuando se sana el cuerpo y quitamos de la mente lo que les causo la enfermedad, es un tema controversial, ya que cada quien defiende lo que piensa, no escribo esto con ese objetivo sino con la intención que te beneficies de ello al conocer la verdad, porque la verdad nos hace libres.

En todas las experiencias que hemos vivido en el caminar con el poder del Espíritu Santo, no me he equivocado y he entendido muy bien lo que el espíritu me revela, porque Dios nunca se equivoca, por eso hoy en día digo lo que Dios me revela aunque no entienda, ya que en algunas de nuestras reuniones Dios revela cosas que no entiendo; como en una ocasión cuando ministraba una hermana y Dios me dio revelación y le dije hermana usted está enferma, ella contestó no, estoy muy bien solo un poco de anemia pero está controlada, yo seguía viendo el espíritu de la muerte muy cerca de ella y no entendía, porque Dios me seguía revelando el Espíritu de la muerte si ella decía que estaba bien, entonces dije vamos orar y reprendiendo el Espíritu de la muerte la desautorice y dijo no puedes tocarla por el poderoso nombre de Jesús no soy muy exacta con las palabra ya que cuando ministro es muy difícil de recordar cada oración.

Pero te doy una idea para que te des cuenta, que no me quedo tres o cuatro horas con la misma persona, creo que la oración del justo puede mucho. Un mes después nos testificó la hermana, dando gloria al Dios todo poderoso que en el momento que ella entraba a una tienda de ropa tomó una botella de agua la cual dio un trago muy grande que le ahogo y viendo la muerte muy de cerca recordó la profecía, ella cuenta que fue muy traumático y le causo mucho mal está segura que ese día se iba a morir ahogada, ya que no alcanzaba respirar pero Dios ya le había hablado y estoy segura que la oración que hicimos ese día tuvo su resultado gracias a que hay un ser supremo que habita en la eternidad algunos lo llaman el creador del universo yo sencillamente lo llamo mi Dios, mi señor y salvador el todo poderoso.

Esta es la sustancia o el ingrediente exclusivo para crear los milagros o cambios de cualquier circunstancia, tenemos que aceptar que no solamente es la mente natural sino la mente espiritual, sé que muchos son los que han descubierto cómo funciona la mente y eso es fantástico, pero no solo la mente es quien trabaja, es el poder sobrenatural que funciona cuando somos realmente muy buenos en hacer que funcione a nuestro favor, somo realmente beneficiados, porque hay algo más allá que funciona con nosotros.

CÓMO BENEFICIARTE DEL RESULTADO

En este capítulo conocerás cómo beneficiarte para obtener el resultado deseado, estoy segura que la información adquirida cambiará tu vida, ya que entrará en tu cerebro como un programa importante reemplazando la información anterior.

Esto causara que tu vida se transforme de manera natural cambiando la forma de pensar, como son los pensamientos del hombre así es el, entonces tenemos que asegurarnos de pensar bien, la gran mayoría comúnmente piensa solo en lo que hay en ese momento, o en lo que tiene, dependiendo de su capacidad, sin poder ver mas allá de lo que en ese momento tiene. El poder de ver hacia el futuro se llama visión. Hoy entenderemos como funciona lo invisible controlando lo visible, tu mentalidad cambia completamente al entender esto, nunca más inicias algo con miedo la que este pensamiento no te favorece, como un negocio, una relación o un viaje, hazlo seguro que te saldrá bien confiado que todo será a tu favor, una persona me comento en una ocasión que le gustaría iniciar un negocio, le preste toda mi atención y le dije hazlo, te felicito por querer hacer lo que muchos no quieren, pero tengo miedo me contesto, dije ese pensamiento de duda no me favorece, a que le temes le pregunte y me dijo a fracasar, yo le respondí uno nunca fracasa, el se sorprendió y dijo, si muchos son lo que fracasan, le explique que solamente fracasan aquellos que no lo intenta, por que cuando inicias un negocio o una relación, empiezas a aprender y sino funciona como esperabas, no te quedaras sin haber logrado algo que te ayudara a lograr el éxito que deseas.

Solo tienes que encontrar los pensamientos correctos, la mente de las personas exitosas nunca piensan que fracasan por el hecho de que no haya funcionado bien desde la primer vez, eso es solo el primer intento, pero no quiere decir es un fracaso porque nunca quedaras en el mismo lugar cuando comienzas algo, no empieces con pensamientos de fracaso, siempre hazlo con seguridad que esa es la fe y la fe es un ingrediente muy importante algunos piensan que la fe es solo para un grupo de religiosos pero la verdad es que no, la fe es lo que usan todos cuando comienzan algo con la confianza y convicción saldrá bien o que tengan éxito en lo que emprendieron, tomó en cuenta que cuando guardas un traje que te encanta pero ya eres dos o tres tallas más grandes, no lo guardes al menos que inicies un plan de bajar de peso y ese traje sea tu motivación o inspiración, conocí a alguien que dejó el árbol de navidad todo el año para recordar su meta.

Eso le llamo superación mental, funciona especialmente porque estás obligando a tu mente a trabajar por lo que quieres y es de la forma que funciona todas las cosas, porque crees que cuando te da hambre lo primero que se te antojan unas papas fritas, porque sus anuncios siempre son una carita feliz y tú mente buscan lo conocido, la intención de tú mente es traerte lo que te haga sentir feliz esa es autosugestión el cerebro, si las grandes compañía lo hacen para su beneficio porque no hacerlo tu para tu bienestar y para lo que tu deseas o anhelas, la mente no es algo muy complicado, científicos ya han revelado como trabaja yo lo hago más práctico porque así me funcionó; ya que yo no me consideraba muy inteligente, y si yo lo entendí; tú también lo puede entender, yo diría más simple que el que controla su mente es capaz de controlar todo su cuerpo, ya que el cuerpo hace lo que la mente la manda, sin sugestionar la razón.

XV

FELICES, SANOS Y PRÓSPEROS POR SIEMPRE

Nuestra manera de pensar es tan poderosa, pero nuestra manera de hablar es la que determina nuestra condición de vivir. Un hombre fue sometido a ignosis, el estaba acostado de espalda sobre una mesa, y al ser programado le decían tu cuerpo es fuete como una madera, eres duro como una roca y no te puedes doblar, eres fuerte e inmovible; el hombre quedo tan firme y recto que le quitaron la mesa y en su lugar pusieron dos sillas con respaldo, una sostenía la parte del cuello y la otra ambos tobillos, el hombre no se dobló y quedo recto como una madera, y su postura sobre las dos sillas simula la mesa que le fue quitada, salió del estado de enosis no podía creer que se hubiera podido sostener de esa forma sobre las dos sillas, realmente al hacer un estado de ignosis lo que sucede es que el terapeuta o psicólogo trabaja con tu sentido inconsciente y es capaz de ordenar a tu mente y ella obedecerá lo

que le ordenan, ya que al estar profundamente hipnotiza-
do, me gustaría aclarar que no se trata de brujería como
algunos lo quieren hacer creer, esto solamente es poner
en relajamiento o en descanso a tu consciente, yo he visto
esto es lo mismo que hace el Espíritu Santo cuando los
pone en un estado de descanso, yo vi como el cuerpo de
una persona era completamente sanado cuando estaba
justo en este estado de descanso, su estado consciente por
que el inconsciente sigue escuchando, pero las personas
que están en ese proceso no pueden levantarse hasta que
el Espíritu Santo les permite, algunos procuran levantarse
rápido y no entienden por qué no pude, al principio yo
tampoco no podía explicarlo ya que nadie me lo explico o
quizás simplemente no le ponemos atención.

Pero me gustaría decirte para que entienda como
suceden ciertas cosas cundo estamos en descaso en el
Espíritu Santo, como la mente espiritual toma control
de la mente natural y permite que el cuerpo sea sanado
o restaurado, sencillamente se empodera, pues muchos
después de esa experiencia cambian, yo he visto como el
Espíritu Santo opera, sanando hernias, cáncer, tumores
y toda clase de enfermedades haciéndolas desaparecer
por completo, por el simple hecho que el cuerpo obedece
cuando decimo sanate, libérate se libre de toda enfermedad y definitivamente el cuerpo se sana sin preámbulos,
sin entender solo por el poder sobre natural del Espíritu
Santo y por la palabra dada.

Como hacer que esto funcione para nosotros sin que
el Espíritu nos ponga en descanso o ir al psicólogo para
ponernos en hipnosis, simple en realidad no es tan com-

plicado como parece, aprendiendo a controlar nosotros nuestra mente consciente, como hacerlo si me cuesta mantener mi mente quieta, como poder hacer que mi mente haga lo que yo quiera, hazlo así reprograma toda tu forma de hablar, tu mente aprende de todo lo que hablas, si dices contantemente no puedo hacerlo, cámbialo por puedo hacerlo, nunca digas lo intentare o tal vez esas son palabras que confunden a tu mente, ella en realidad no entienden tú mensaje, di claramente lo hare, estoy segura de que lo hare, soy buena en esto, esto es muy fácil para mí, cuando quieres sanarte no digas ojalá me sanara, talvez esto me ayude o nunca me sanare o esto está cada vez peor, cambiarlo por estoy sanando, sé que sanare pronto, yo soy más fuerte que esto, y no se quedara por mucho tiempo esto, estoy seguro que ya estoy bien y tu mente consciente lo creerá y lo grabara llevando hasta el inconsciente, que es el disco duro como lo llamo yo, estas tratando de que engañe a mi mente dirás Rosa, me está diciendo que tengo que mentirle a mi mente, no realmente lo que quiero es que hagas lo que dice la escritura llama las cosas que no son como si fueran, simplemente te hace ver que no estas mintiendo, simplemente estas llamado lo que no es como si la fuera, para que pueda ver tendrás que creer antes de verlo eso se llama fe.

Te motivo hazlo comienza con pequeñas cosas, nosotros lo hicimos a la hora de comprar el templo, necesitábamos casi un millón de dólares y esa cantidad era bastante para nosotros, ya que no contábamos con nada, todos solo me veían, mi esposo dijo que haremos, yo dije déjemelo a mí pondré mi mente a trabajar y él dijo; no solo su mente tendrá que trabajar, yo creo que usted también tendrá que trabajar, si pero si mi mente no tiene un buen programa, seguro que nada de lo que intente hacer, podrá salir bien, lo primero es programar la mente, así como cuando vas de viaje y tienes que tener tu carro listo, tu maleta lista y todo lo necesario para el viaje, lo mismo se me senté a escribir. Primeramente, cerré los ojos y comencé a ver el templo comprado y terminado, dije ya lo vi está hermoso, es algo glorioso, lo haremos.

En ese tiempo solo había cinco miembros en la iglesia, algunos solo me veían y a otros les daba risa, pero ellos no sabían que si yo lograba llevarlo a mi mente inconsciente lo veríamos comprando antes de lo que pensaban.

Porque yo sé, que si lo creo lo veré, Jesús dijo si lo crees verás la gloria de Dios,

Finalmente pudimos comprar el edificio, y nuestra iglesia ahora cuenta con sus propia instalaciones, ahora trabajamos en la ampliación del templo, ya que nuestra congregaciones está creciendo y necesitamos más espacio, sino lo hubiera creído y declarado, no lo estuviéramos hoy, recuerda cuando le digas a los demás lo que quieres, no esperes aceptación, a eso le llamo yo virus, ya que siempre van a querer retenerte o desanimarte, si yo les contara a cuantas personas les conté sobre mi plan se sorprendería pues nadie creyó en mí, pero no dependes de los demás, dependes única y exclusivamente de tus pensamientos y de lo que tú crees, y no es que te lo digas una vez o dos, es siempre hasta que lo veas lo que te propusiste, no termine hasta ver publicado este libro pase más de 2 años hablando de él, comentaba cada vez que podía, lo hacía para recordarle a mi mente que estaba escribiendo mi libro, siempre que escuchaba un mal comentario como quien te lo comprará o en una ocasión alguien me dijo tu escritora hoy si te terminaste de enloquecer, sonreí y dije tendrás que comprar mi libro ya que me acabas de dar una excelentísima idea, ella me dijo como te estoy dando una buena idea, no escuchas, que tengo una opinión negativa acerca de su idea publicar un libro. Si tú, es que mi libro se trata de crear un anti-virus al cerebro y acabo de descubrir uno increíble hablando contigo, ella se asombró y dijo no contigo no se pude y dije precisamente ese es el mejor anti virus, no escuchar las opiniones de los demás ya que no cuentan, las únicas opiniones que realmente cuentan o influyen son las mías, desde ese día empecé a tener la mejor opinión de mí. Empecé a decir soy la mejor en detectar virus y yo decido no aceptarlos y no fue precisamente ser grosera con ella, al contrario, creo que esa fue la razón por la que más se confundió, estoy segura comprara mi libro.

El cerebro aprende repetitivo, es por eso que los niños cuando están aprendiendo aprenden repitiendo, recuerdas cuando estabas aprendiendo a leer, el a b c creo que todos recordamos, nos hacían repetir en voz alta o en voz baja, pero en voz alta hacía que aprendieras más rápido, algo muy simple en ese tiempo no sabía cómo funcionaba hoy si entiendo que eso fue el comienzo de programar el cerebro de una forma muy común de parte de nuestros maestros y personas que nos ordenaban como nuestros padres o pariente es con quienes vivíamos y luego por la sociedad o por el ambiente y así consecutivamente hoy tenemos la oportunidad de cambiar ese programa que ellos pusieron que nos afectó o afecta consciente o inconsciente, ya que no siempre podemos entender con claridad como nos puede afectar lo que nuestros padres pensaban o creían, esa una de las claves lo que ellos creían que era bueno para ti sin saber si eso era lo que tu querías o te hacia feliz.

Conozco personas que se casaron con personas que no querían, pero lo hicieron por la influencia o decisión por los padres o la presión misma de la sociedad de donde vivían o por aquello del que dirán, porque la opinión de los demás es importante. Hoy conocerás que lo más importante es tu propia opinión y que podemos de una forma espiritual y sin lastimar a otros reprogramar nosotros mismos a nuestro cerebro, los pensamientos, emociones y conductas crean una forma de frecuencia de ondas cerebrales, lo genial es que podemos controlar las ondas cerebrales, a través de las palabras e imágenes que permitimos entrar en nuestra mente, eso nos permite usarlo a nuestro favor ya que la mente no sabe si es bueno o malo, es solo un concepto nuestro al calificar las cosas dependiendo de nuestro punto de vista, hay personas que a todo le llaman malo y constante mente se dicen palabras groseras a ellos mismos sin entender que eso atrae muchas cosas más especialmente las no seseadas, ya que somos profecía autocumplida ya sea que alguien más lo haya dicho o tú lo digas de ti mismo por eso me convertí en mi mejor profeta, para mí misma como para los demás entendiendo como funciona esto, Albert Einstein dijo la sección más importante que tomamos en sí, es que creamos que estamos en un universo amigable o hostil.

Como tienes lo que crees, si crees que vives en un universo amigable entonces así es y si crees que vives en un universo hostil así será, una clave para crecer espiritualmente es la idea de volverse más consciente de ti mismo de lo que piensas y de lo que hablas, cuando te vuelves consciente de ti puedes identificar los obstáculos en el camino y cuando puedes unificarlos puedes hacer algo al respecto, para la mayoría de nosotros los obstáculos que encontramos para poder manifestar lo que deseamos o necesitamos son muy comunes, esta es una lista de los principales obstáculos que enfrentan las personas :

- Siempre quiere tener la razón
- Permite que los demás se hundan
- Participan en chismes
- Luchan contra las cosas que no desean
- Enfadarte con cualquiera por cualquier cosa
- Agresividad al volante o en posición superior
- Arrepentimiento o resentimiento por el pasado
- Miedo por el futuro

Estos son obstáculos fuertes, aunque para muchos esto solo es un diario vivir, vamos a terminar con esa forma ya que es la razón por que el Espíritu Santo no fluye y obstaculiza la liberación o la sanidad, es por no estar sintonizados o adecuadamente alineados en el pensar y sentir.

Entender cómo funciona el poder sobrenatural de Dios ya que nos enseñó que para Dios no hay nada imposible, pero empleado de la forma correcta, eso quiere decir que nosotros debemos alinearlos al plan y propósito de Dios, ya que recibimos solamente lo que hemos creído y ese es el propósito de este libro aprender a creer para recibir lo deseado, tu trabajo hoy es seguir programando en tu mente lo que deseas, hasta que lo logres, quise mencionarlo la que fue una en mis primeras formas que incremente en los inicios de ministerio.

La biblia condice más simple declarando las cosas que no son como si fuesen Romanos 4;17 en una forma simple lo dijo (Joel 3:10) diga el débil fuerte soy, comienza diciendo palabras para ti estas son algunas que funcionaran rápidamente, porque es la palabra de Dios y tu mente no tendrá argumento para contradecirte, repítelas todo lo que sea necesario soy suficientemente, soy más que vencedor, es más grande el que está conmigo que el que esta contra mí, bueno puedes encontrar las que más se acomoden no están importante, en realidad cual sea, lo importante es que lo grabes en tu mente para que cuando viene el problema esa información este ahí y salga espontáneamente.

Tienes que lograrlo para tener una manera sólida de pensar, de forma automática en el momento que te dicen en tu trabajo, este trabajo es muy difícil, tu mente dice Soy inteligente las cosas se me dan fácil, soy bendecido, es un día hermoso me siento, capas de hacerlo, estoy emocionado, me siento grandioso por tener la oportunidad de trabajar en ese proyecto, repite esto constantemente y cuando vengan obstáculos verás a tu mente trae un programa de soluciones y te requiere la misma energía para estar molesto y en desacuerdo, la diferencia es que si estás pesimista será mucho más complicado y difícil de solucionar, ya que la fuerza de naturaleza se manifiesta en contra, y trabaja para hacer que se te haga más difícil tu situación y tu mente empieza a operar en el conocimiento que tú le has dado.

En los principios, será como dos voces en tu cabeza, una que como dices simplemente di soy suficiente y la otra y si soy suficiente no te es suficiente, ese es tu piloto de defensa, no importa cuantas veces , tu cerebro lo envié, bórralo con soy suficiente, soy suficiente, repítelo cuantas veces sea necesario ya que esa palabra es completa, porque eso no depende de ti, si no de Dios que te creo exactamente lo que necesita de ti, tu cerebro lo creerá porque ya está diseñado para creerlo sé que tu diálogo interno será una lucha bastante grande porque el cerebro te traerá toda la información que ya tienes y es justamente lo que estamos tratando de reprogramar que la mente adquiera un conocimiento nuevo, nuestro trabajo es enseñarle lo que queremos para nuestro propósito de eso se trata de convencer a tu cerebro de lo que quieres, para que él lo crea.

La palabra dice que sin fe es imposible agradar a Dios, pero también dice que la fe viene por el oír por oír la palabra, es una forma sencilla de que palabra esta se refiere a las palabras que salen de la boca de Dios verdad, si el usa nuestra boca para manifestar lo hablado por supuesto eso es un magnate simple si queremos cambiar cualquier situación en nuestras vidas, lo primero que tenemos que cambiar es nuestra forma de hablar, ahí está nuestro gigante, como podemos soltar el aire de nuestros pulmones si antes no hemos tomado aire y para tomar aire tenemos que soltar el aire que tenemos, haz una prueba suelta el aire, ese que soltaste lo habías tomado antes, hoy toma y suelta el aire otra vez y toma en cuenta que es igual, tu cerebro te da solo la información que tiene y la información que tiene es la que escucho de ti o de otros que tomaron influenciar en tu cerebro conscientemente o inconscientemente, ya que tu cerebro está grabando desde que naciste, algunas teorías dicen que desde el vientre de la madre yo creo también que si, porque hay programas con los que ya naces de donde aprende un niño a tener parecido en el caso de no conocer sus padres biológicos, son misterios que hoy no hablare en profundidad, pero sí en concientizarte para que reacciones en forma positiva para la reprogramación de tus pensamientos, ya que este es el enfoque principal, que entendamos de manera simple. Que verdaderamente poderoso, es saber cómo funciona nuestro cerebro y trabajar en el propósito para lo que él fue diseñado, es el canal directo de comunicación con Dios, si logramos unir sin distorsiones, entonces lograremos todo lo que deseamos al máximo potencial que jamás habremos imaginado, ya que de un resultado a nuestro favor podamos así tener todo lo que deseamos para nosotros y para los demás también, No recomiendo esto para hacerle daño a otras personas, aunque también funciona.

Advierto que no es lo mejor para hacer ya que estamos sujetos a la ley de causa y efecto, eso quiere decir que lo que deseamos para los demás será lo que cosecharemos en nuestras vidas. Por ahí escucho decir yo soy, muy bueno, hago bien a todo mundo y a mí me pagan siempre mal, eso es programación des sintonizada, quiere decir que al café le estas poniendo leche y sal en vez de leche y azúcar, déjeme explicarle de pronto estás ayudando a otros esperando que ellos te ayuden de recompensa, esa es una manera egoísta no estás ayudando porque eres bueno, sino por qué piensas que necesitarás que te ayuden en realidad estás pensando en ti no en ellos, hace muchos años inicie un negocio multinivel sin tener ningún conocimiento y mi auspiciador es super fabuloso es extremadamente entusiasta y yo no quería serlo, hasta que descubrí que ser entusiasta significa Dios en ti, desde ese día me volví de la misma manera, pero observe que él era entusiasta y muy motivador, solo con los que él quería que crecieran en la red y que con los demás era egoísta y muy duro e indiferente, una doble cara a él le convenía que nosotros avanzamos con llegar al siguiente nivel en realidad no está interesado en nuestro propósito, si no el de él, esa es una manera equivocada.

Un éxito a medias llegó al nivel más alto, pero no le sirvió de mucho ya que perdió el verdadero significado de un propósito, todas aquellas buenas personas que colaboraron con la llegada a su meta. Y años después regresó a su país de origen dejando todo lo que había logrado. No me alegro de eso, por supuesto que no, pero estoy segura de que, si su intención no hubiese sido tan egoísta y hubiese dado su talento a beneficio de los demás, aunque le hubiese tocado irse se hubiese llevado el amor y respeto y puedo asegurar que el dinero estuviera fluyendo de manera espontánea.

La palabra de Dios dice buscad primeramente el Reino de Dios y las demás cosas vienen por añadidura, ya que si lo que esperas en la vida es tener éxito, tienes que usar la regla de oro, ama a tu prójimo como a ti mismo, podemos ir por la vida haciendo como queramos y recogeremos lo que caiga, o simplemente implementemos este poder sobrenatural, que nuestro creador dejo para que lo usáramos a nuestro favor, no podemos engañar al universo él entiende en todas las órbitas no hay manera de alterarlo o somos íntegros y puros de corazón o simplemente seremos medidos con la misma medida, leyes naturales que se ejercen de manera justa, independientemente de quién seas o en qué posición estés funciona igualmente.

En este momento tienes la cosecha de lo que has sembrado anterior mente posiblemente años pasados, razón por la que muchos se dan por vencidos, tienen unos cuantos días de pensar y obrar correctamente, y ya quieren los resultados, no funciona así; tenemos que convertirnos en lo que pensamos, si hoy estamos pensando positivo para obtener una meta definida, supongamos que quieres un carro nuevo y estas tratando de usar la ley de atracción, es visualizando, o imaginándote, visualizar es crear imágenes en tu mente, con un propósito claro de lo que quieres, es bueno ya que nuestra mente graba todo como si fuese real, el no entiende que lo estas auto sugestionando, pensadores importantes dijeron si puedes verlo puedes tenerlo, es cierto, nuestra mente reacciona a imágenes o diálogos internos, si puedes grabar esta imagen en tu mente el trabajara a favor de lo que has grabado, genial, verdad.

Hoy usamos ese mismo sistema para sanar una enfermedad, si estás enfermo, cierra los ojos y recuerda cuando estabas sano, y fuerte trae a tu mente lugares donde estuviste feliz y agradecido, están ahí solo necesitas traerlas a tu mente, para que tu mente diga, oh no, tengo que sanar esa enfermedad, ese dolor te está impidiendo que hagas lo que te hace ser feliz, necesito expulsarlo lo más antes posible o simplemente créalas, quizás no fuiste muy feliz y no recuerdas momentos hermosos en tu vida, a pues entonces créase e imagínese sano, fuerte, en la playa, en el campo, en el lugar que te haga sentir bien. Funciona, pero tu dirá: Creí que para sanarse se necesita de una oración poderosa o un milagro y ya, si pero para generar un milagro se necesita un ingrediente exclusivo, un hombre de Dios que tenga unción y autoridad sobre las enfermedades, claro, la mente siempre quiere traer cosas que le suenan conocidas, nos enseñaron que Dios es gratis, que él es el único que nos da sin merecer y sin pagar nada a cambio.

Pero eso no es cierto, Jesucristo es el más gran ejemplo, en todos sus milagros y sanidades siempre pregunto quieres, crees, como creíste se te fue dado, y si creyeras, eso es lo que estamos haciendo, obligando a tu cerebro que lo crea, para obtenerlo.

Si logramos que en nuestra mente crea imágenes de nuestra sanidad no habrá enfermedad que se quede en nuestro cuerpo, te lo garantizo, y pensarás y si regresa como les ha pasado a muchos, que tiempo después las enfermedades vuelven, no habrás borrado todo lo que la causó cuando cambiamos de mentalidad creamos conciencia y responsabilidad, que la que el enemigo sembró desde el principio, yo te invito a cambiar cada pensamiento y sentimiento.

Ya que eso es lo que te garantiza estar sano, dirás nadie se queda sano por siempre, borra esa información es un virus, la palabra dice que el pueblo de Israel nunca de enfermo, y caminaron por cuarenta años en el desierto y ni sus ropas se envejecieron, así es el poder sobre natural de Dios, queremos caminar con poder tenemos que guardarnos de este mundo, Jesús le rogó al padre que nos guardara de este mundo, no que nos sacará, sino que nos guardara, hay muchos que creen que guardarnos de este mundo es no participar de la tecnología o modas, pero participan en pensamientos, negativos, tienen la cabeza llena de noticias malas y su mente está enfocada en las cosas de este mundo, incluyendo la crítica y los comentarios de gobiernos, economías o sistemas sin tomar conciencia que cuando la palabra dice que, caerán mil a la derecha y diez mil a la izquierda, lo vemos solo en forma figurada pero en realidad, habrán muchos que van a caer en una mentalidad mundana, no solo por sus acciones sino mas bien por su forma de pensar, porque en realidad el mundo no es el mundo físico sino que el mundo también es conocido como una sistema, una forma de pensar o forma de operar de un gobierno o reino, ni yo lo entendía en el principio, solo sé que funciona y lo practique, hasta que puede entender esto, hoy quiero que entiendas que por eso dicen cada cabeza es un mundo no entendía el concepto de este dicho. Hoy digo definitivamente porque yo decido qué clase de mundo quiero vivir, en la enfermedad o en la sanidad, en la escasez o en abundancia, en fracaso o en éxito, todo es controlado por nuestra manera de pensar, yo no podría orar por los enfermos si no puedo creer que serán sanos y cuando puedo verlos en mi imagen mental que están sanos digo esta echo, eres sano en el nombre de Jesús, porque sé que sucederá aunque sea imposible para el hombre.

Pero el poder sobrenatural de lo declarado, la palabra y lo creído es lo que hace a verdaderamente poderoso una fórmula sencilla, en caso de que hayan demonios ocultos será de la misma manera, cuando quieras verte libre y sano en vez de ver la enfermedad, vez los espíritus moverse o manifestarse y es cuando antes de decir sano en el nombre Jesús, dices soy o eres libre de toda oposición o de todo espíritu demoníaco, o lo que te venga a la mente en ese momento, porque es importante que digas lo que en ese momento te revele la mente porque ese es el canal de sintonización del Espíritu de Dios.

La razón por la que necesitas tener un sistema ya creado en tu mente, para poder operar en sanidad o milagros es indispensable.

Es una actividad neuronal, con palabras simples que vienen de inmediato un programa que ya tienes se manifiesta en tu cerebro de acuerdo a lo que crees o as creído en algún momento de tu vida. Primeramente, no necesitamos de entender como lo hace, sólo saber que es beneficioso si lo ponemos a trabajar para favor nuestro y para los demás por supuesto.

Sigamos con el ejemplo de tener un carro nuevo, creando una imagen en nuestra mente: ¡que estamos manejando el carro o estacionado en el garaje de nuestra casa, deseándolo con todo el corazón y que funcione, felicidades! Aprendiste a frotar la lámpara de Aladino. ¿Cierto? Ninguna persona puede atraer algo sin lograr mantenerlo, de una manera correcta y ninguna persona que haya hecho su fortuna de manera inadecuada lo puedes llamar como quieras, menos bendecida o prospera, ya que la verdadera riqueza abundante quiere decir que puedo tener todo, TODO en la máxima expresión de la palabra, ya que algunos creen que ser rico es tener dinero, lo que no es cierto, rico es tener todo incluyendo paz, armonía, gozo, salud y riqueza, y una persona que tenga que hacer cosas que traen dinero pero no le dan a quienes le han contribuido un valor igual, en algún momento cosecharemos lo sembrado. La gran mayoría trabajan muy duro para ganar dinero creyendo que esa es la riqueza, bueno acepto que el dinero ayuda un poco a solucionar, verdad , lo sobre natural también funciona de la misma forma sé que para muchos cristianos los que somos espirituales no deberíamos tener dinero, es más se cree que para ser humilde se tiene que ser pobre, yo he creado una amistad con el señor y sé que el simple hecho de tener pensamientos sanos, limpios y verdaderos soy bendecida y prospera, lo demás es añadidura.

En realidad, nunca trabaje tan duro para tener finanzas; es más en ningún momento ore al señor para ser bendecida, en mi mente yo ya soy prospera de manera sobre natural y solo tomo lo que ya hay, esa es mi gran bendición, que quiero darle a conocer a todo lector que puede ser grandemente bendecido por el simple hecho de conocer como el poder sobre natural del Espíritu Santo funciona a través de lo que pensamos y hablamos.

Es una forma muy particular y personal en que mándanos nuestras propias acciones, ya que somos completamente responsables de nuestras decisiones, podemos decidir creer que Dios es superior a todos los dioses, si bien hay muchos que dicen creer en Dios, pero no con la suficiente convicción de que no hay nada imposible para Dios, aunque todos podemos decir eso olvidamos quitarle nosotros mismos el límite que le ponemos con nuestra forma de pensar y hablar, ya que no solo es el pensamiento, sino lo que decimos; es lo que realmente tenemos que creer. Viendo las situaciones de algunos que no saben cómo cambiar su forma de pensar y hablar, fue que empezamos a ministrar un cambio de mentalidad.

Hemos ministrado poniendo las manos en personas que tiene pensamientos suicidas, sé qué dirán hay que sacar el demonio del suicidio, si pero resulta que por mucho tiempo tiene pensamientos de baja auto estima y posiblemente hayan sido avergonzados o maltratados por alguien y ha creado una fortaleza mental muy fuerte que siempre se mantiene a la defensiva, siempre responde con violencia y por muchos años de su vida a vivido con esta lucha, no solo bastara con sacar un espíritu de suicidio, porque a esta altura estará contaminada de esas pequeñas zorras de las que nos advirtió el señor Jesucristo, me refiero a las costumbres que adoptamos día a día que nos ayudan o nos afectan de manera considerable por que creamos hábitos y estos hábitos nos crean a nosotros, y empezaremos la auto reprogramación en su ministración, declaró su libertad pero en proceso de liberación empieza con la concientización para sacar todo pensamiento negativo y formar hábitos nuevos, les enseñó como reemplazar pensamiento de insuficiencia, tristeza, desánimo o resentimiento, ya que estos son los primeros pensamientos que llevan a la depresión.

El ser humano dirá que es una condición médica ya que la ciencia dice que es un trastorno del cerebro y tienen mucha razón, es un virus que llegó con la intención de destruir al individuo, y aun haciendo más complicada la situación digamos que le añadimos un hechizo diabólico, satánico o maldición, hoy está un poco más serio verdad, pues de igual manera los demonios sin importar que rango sean salen en el nombre de Jesucristo y todo nombre es sujeto a ese nombre, no hay demonio que se resista, ya que el los venció definitivamente por eso están sujetos a ese nombre, esto es tan simple como se escucha. La razón por lo que se complica es por lo que nosotros creemos y decimos que maravilloso es Dios, poseemos en nosotros mismos el secreto para gobernar nuestras vidas, sé que a muchos no les gustará escuchar esto especialmente cuando no nos agrada lo que está sucediendo en este momento o cuando sentimos que es injusto tener gente tan cruel o mala, uno dice en qué momento pude atraer esto que estoy viviendo, es difícil de creer que alguien quiera estar enfermo, desdichado o pobre, lo que sucede es que las neuronas son como un grupo de niños que están en una guardería que saben muy bien lo que tienen que hacer, pero si los dejamos a su antojo correrán por todo el lugar sin parar y sin tener control de nada.

Lo mismo son nuestras neuronas tienen cerebro propio, sino le dices dónde ir irán a cualquier parte y traerán lo que crean que quieres, digamos que estas manejando a tu trabajo y estas un poco atrasado porque no escuchaste la alarme desde la primera vez que sonó, te levantas y dijiste que día tan horrible que tonto soy como no escuché la alarma, que bárbaro estaba como muerto. Y cuando vas en camino te encuentras con un gran tráfico y continuas, diciendo que tráfico tan horrible, voy a morirme en este tráfico, me urge llegar, si llego tarde mí jefe me matará si no llego a tiempo, Dios que pesadilla, tu pobre mente dirá que horrible, pesadilla muerte, ha creo que quiere decirme que quiere enfermarse, así funciona inconscientemente le mandamos mensajes no claros y traen resultados no deseados.

Me gusta jugar con el teléfono tiene una voz llamada Siri, siempre estoy enseñándole a mi hijo Johann que la mente es como el sistema de la computadora que te contesta, yo siempre le digo ¡hey! Siri llévame a casa, e inmediatamente dice buscando la dirección de tu casa y en segundo me pone el navegador, hago lo mismo con mi mente cuando quiero ser libre de algo que no me es saludable, digo me encanta comer saludable, tengo un metabolismo muy rápido, mi cuerpo desecha todo lo que no sirve y saben funciona, y así lo hago también, para sacar un demonio necesito creerlo, al principio sacábamos los malos espíritus las enfermedades y no hacían ningún escándalo, hasta que me di cuenta que tenía que estar orando repetitivamente por las mismas personas, por los mismos problemas, o por las mismas enfermedades.

Porque habría algo en sus mentes que no permitía que creyeran que están sanos o libres hasta que empezamos a decirles a los espíritus manifiéstate y sal, entonces los demonios gritaban y salían. Hoy les ordenamos salir por la boca y se manifiestan en salida gruesa o vomito raro, no es vomitando lo que han comido sino es más espiritual que físico, hay personas que le hacen como si estuvieran realmente vomitando una gran cantidad y en realidad solo salen ligones, nosotros hemos visto vomitar enfermedades espirituales como: hechizos, brujerías, cáncer, tumores y toda clase de espíritus inmundos, han salido y los hemos sujetado a los pies de Jesucristo para que no vuelvan, Dios nos dio la revelación de hacerlo de esta forma y ya no estamos en lo mismo, hemos sido completamente libres pero tuvimos que romper paradigmas religiosos y sacamos toda fortaleza mental que se oponía a la liberación, una vez despojando de las enfermedades ayudamos a que cumplan con el mandato de nuestro señor Jesucristo, vayan y ya no pequen más, será hecho como creísteis, así si como creísteis se te fue dado, creo que es la gran clave para ver todo milagro en la vida común como en la vida espiritual, el punto clave es no solo una oración de poder y luego vivir lo contrario, si oraste por ser sano y creísteis que Dios te va a sanar, estarás esperando mucho ya que Dios no habla del futuro, sino en presente cuando Dios le dijo a Abrahán te hice padre de naciones, se lo dijo cuando aún no tenía hijo, pero le hablo en presente, no en futuro.

La próxima vez que ores, di soy sano, hoy he sido sanado, hoy mí sanidad es hecha, es concedida en este mismo instante. Cuando ministramos sanidad decimos recibe la sanidad, por muchos años no entendía al Espíritu Santo, porque decía recibe y es porque en muchas ocasiones, es la persona la que no quiere recibir porque el Espíritu Santo es sanidad, hay que permitir que entre y se quede. Jesús dijo si hay alguno enfermo entre vosotros tráiganlo e imponiendo sus manos sánelos, no dijo si hay alguno de ustedes que tenga dones para sanar sánelos, sino que dijo oren imponiendo manos y sánelos, porque el que sana es el Espíritu de Dios y lo único que se necesita es creerlo y obedecerlo, programado nuestra nueva forma de creer, siempre estamos analizando con nuestra mente incrédula, solo detenemos la sanidad o nuestra liberación.

Ese poder sobrenatural, porque que creerlo, si somos capaces de creer que un imán atrae el metal sin explicación, como que el sol se mueve alrededor de la tierra, porque eso no nos afecta no perjudica, pero cuando se trata de lo que nos beneficia es imposible creer, mira que simple. Todos sabemos que el comer engorda, pero no paramos de comer, todos sabemos cómo alimentarnos sanamente, pero muy pocos lo hacen, de la misma forma sabemos lo bueno y no lo hacemos.

Realmente este libro hizo cosas grandiosas en el momento de su publicación, pude experimentar el poder sobrenatural de Dios al ponerme hacer algo fuera de lo común, conozco grandes escritores y pensé por qué no lo escriben ellos, me di cuenta de que necesito ser más obediente, Dios es el señor y mi trabajo es obedecer, esta página la escribí cuando ya no daba para más, lo escribí como para tener con quien quejarme (jajajajajaja).

XVI

LOS CINCO SENTIDOS ESPIRITUALES

CUALES SON Y CÓMO FUNCIONAN

Tienes un cuerpo físico y también tienes un cuerpo espiritual no es un sistema muy complejo, si tenemos ojos naturales debemos tener ojos espirituales, lo hemos experimento en nuestra congregación no es raro, que se acerquen a comentarnos sus experiencias cuando comienzas a experimentar visiones o aromas, algunos dicen lo sentí estaba allí.

Esto funciona igual a lo natural tenemos cinco sentidos, vista, oído gusto, tacto y olfato en lo espiritual funcionan de la misma manera, ya que los demonios no los podemos ver con nuestra s ojos naturales la mayoría de las veces. Porque ellos son espíritus y no tienen cuerpo real, toman un cuerpo cuando usan a alguien, pero la gran mayoría son espíritus entonces para poder verlos es a través nuestros sentidos espirituales, es importante saber cómo se ve, a que huele, como suena, cómo se siente, a qué sabe, funcionan naturales no tienes que hacer algún esfuerzo o manipular algo de alguna forma simplemente se da en el momento que sucede, en muchos de nuestros servicios los feligreses testifican que vieron ángeles, o escucharon alabanzas angélicas, que han sentido aromas especiales y de esa forma sé que esto no es posible en lo natural, cuando la biblia dice porque nuestra lucha no es contra carne y sangre sino contra principados, contra potestades, contra los poderes de este mundo de tinieblas, contra las fuerzas espirituales de maldad en las regiones celestes. Por lo tanto, tomen toda armadura de Dios.

> ## EFESIOS 6:12
> [12] Porque no tenemos lucha contra sangre y carne, sino contra principados, contra potestades, contra los gobernadores de las tinieblas de este siglo, contra huestes espirituales de maldad en las regiones celestes.

Toma en cuenta que todos los días vives una guerra espiritual invisible, con un enemigo maligno y devoto que lucha por atacar todo lo que te interesa, si estas cansado de sentirte intimidado, y que los ataques te agarren desprevenido, esta será una herramienta poderosa para ti preparémonos para la guerra.

Comprendiendo esto sabrás que tus armaduras no pueden ser eficaces porque no funcionaran si lees en efesios todas las armaduras son espirituales te lo confirmo para desarraigar argumentos que puedan estar en tu mente para confundir la información de

---

EFESIOS 6:18

[18] Orando en todo tiempo con toda oración y súplica en el Espíritu, y velando en ello con toda perseverancia y súplica por todos los santos;

Si todavía tus sentidos espirituales no funcionan pide a DIOS en este momento con una simple oración, creyendo que así será di señor Jesús eres mi señor y tu dijiste que le darías al Espíritu a todo aquel que lo pidiera permite que tu Santo Espíritu abra mis sentidos espirituales y que de ahora en adelante pueda verte con mis ojos espiritual en todo lo que haga, para poder hablar como tu Espíritu me guie y así desarrollar todos mis talentos y poder serte útil con los dones que a ti te place concederme, prometo usarlos para edificar a tu iglesia, honrarte y glorificarte a tu Santo Espíritu en todo lo que haga.

Cuál es el beneficio de usar tus sentido es para facilitarte tu trabajo diario cuando ves con tus ojos espirituales, no ves lo que está enfrente de ti en ese momento, ya que tal vez lo que hay enfrente es una situación difícil puede ser una enfermedad, un problema financiero, familiar, legal o emocional, cierra tus ojos y pretende si ese problema no está, cómo te sentirías o como actuarias, imagínate que estás gozando de buena salud que estarías haciendo, estarías tal vez en la playa, con tus ojos espirituales podrías ver las olas mecerse con toda naturalidad que la perfecciona, puedes escuchar el sonido de ellas, incluso podrías sentir la brisa fresca y hasta oler ese especial aroma a las muchas aguas que lo caracteriza de manera especial, podrías beneficiarte de ese sentimiento el que tu cuerpo natural no pueda ir no significa que no pueda beneficiarte de todos sus encantos, piénsate una y otra vez hasta que cuando menos te lo esperes estará en el lugar y cuando estés sentirás que ya estuviste antes tu cuerpo ya sabe lo que se siente, es lo mismo cuando estás ordenándose a los espíritus inmundos, ordenas como si fuera real y en lo espiritual se está creando, los espíritus obedecen, porque son reales solo que no tienen un cuerpo físico, sino espíritu tiene que ser tratado como tal, en ocasiones podemos sentir aromas que se puede apreciar que la presencia es de ángeles alrededor y en ocasiones olores desagradables que no dudamos que es la presencia de espíritus inmundos, yo creo que cuando Eliseo pide A DIOS que los ojos de su siervo fuesen abiertos, no se refería a los ojos naturales porque de ser así él los hubiese visto desde el principio porque él no era ciego

---

2 REYES 6:17

[17] Y oró Eliseo, y dijo: Te ruego, oh Jehová, que abras sus ojos para que vea. Entonces Jehová abrió los ojos del criado, y miró; y he aquí que el monte estaba lleno de gente de a caballo, y de carros de fuego alrededor de Eliseo.

Muchos de nosotros vemos la dificultad, el problema, porque tenemos sentidos naturales y ellos funcionan solo en lo natural, es lo que nos ensenaron ya que parece que a casi todo le llamamos malo, dirías que estas cosas son males todo mal procede del entendimiento oscurecido del hombre de su ignorancia de su falsa interpretación de la vida y del mal uso de su mente, usted evite todo conflicto entre sus deseos y su imaginación al entrar en su estado espiritual y somnolencia que reduce cualquier esfuerzo al mínimo el mejor momento para empezar a activar los sentidos Espirituales es antes de dormir.

La razón de esto es porque el más elevado grado de afloramiento del espíritu se alcanza antes de dormirse y justo después de despertarse. Esa es la razón por la que cuando tu mente trae todo lo que te preocupa o interesa es justo cuando estás listo para dormir, ese es momento importante puedes hablar con DIOS conéctate con el espíritu y prepara tu día en el espíritu declarando lo que deseas y esperas, no tengas miedo muchos no lo hacen porque están influenciados de temores todo lo que hagas pidiendo al Espíritu Santo lo hará, no invoque a nadie más ni a tus parientes ya muertos u otras identidades ocultas, para que no estés en problemas al único que puedes pedir ayuda es al Espíritu Santo él pondrá palabras, te dará visión o responderá en acción , la cantidad de veces que hemos ministrado y hemos tenido que declarar cosas que no estaban y hemos visto cómo Dios obra maravillosamente.

Un testimonio real verificó es cuando nos pidieron oración por una amiga muy cercana a quien tenemos aprecio incondicional. Su situación se complicó en el

cierre de las fronteras por causa de la pandemia, reciente-
mente ellos habían viajado a su país por tramites de mi-
gración, esos que se requiere de una entrevista en su país
natal, todo parecía bien hasta cuando se cerró la embajada
americana dejándola en la famosa cuarentena, el enemigo
aprovecha cada oportunidad para obrar en lo oculto, te
sorprenderías cuantos fracasan o mueren aparentemente
por formas naturales hasta este momento se cree que solo
es cosa natural, le hable en junio e hicimos una oración
por teléfono y orando el Espíritu Santo de Dios nos dio a
conocer el plan de satanás y su maquinación, me mostró
velas prendida altares en contra de ella, no se si en ese momento ella entendía lo que Dios nos daba a conocer pero
sí nos sorprendió cuando nos dio a conocer el mes en que
ella se presentaría a la su cita postergada cuando levan-
taron la cuarentena todo va tan atrasado que lo último
que esperábamos era una cita en septiembre, comentam-
os con su hermano y él me comunicó que sería imposible
antes de diciembre, yo recalqué Dios dijo que en septiembre, el jamás falla dije es noche antes de dormir cerré mis
ojos y dije estoy en la embajada americana en este país
y cambió los documentos que están debajo de todos, los
pongo enfrente y esta semana habrá una cita disponible
para mi hermana que hoy está en su país, sabía que estaba hecho para todos fue sorpresa que en esa semana ella
fue a su cita, todos sorprendidos menos yo porque yo sé
que funciona, tuvo su cita y dejó su pasaporte para ser
visado como se esperaba pero lo que obra en lo oculto
salió a la luz el siguiente día tuvo una llamada inesperada
y si creías que estuvo muy fácil, no fue así, apenas es que

comenzó la batalla, recuerdan lo que se había levantado contra ella no era cualquier cosa tomó fuerza fue llevaba a juicio por situaciones que no vienen al caso comentarlas, y hoy está en manos de un juez quien determine si su pasaporte es devuelto, continuamos orando Dios nos dijo que nos daría victoria y que esperábamos en él, se oye muy fácil pero créeme cuando estás en esa situación verdaderamente es de agonía, tome los documentos para ayudar con mi abogado, pero en realidad se los di a mi abogado por excelencia y argumentaba desde ese día todas las noches antes de dormir iba al juez a me presentaba como su abogado y decía señor estoy argumentando por esta semana estoy parada en la brecha por ella, pido que su pasaporte sea entregado en su mano con una visa para entrar de nuevo a ese país y orando por ella el señor me mostró en visión su pasaporte en sus manos, desde ese momento agradezc0 a Dios todo poderoso por ver con mis ojos espirituales y un día que ella estaba tan desesperada le dije confía, yo ya vi ese pasaporte en tus manos visado, no dudes que lo que veo con el espíritu es más real que lo que veo en lo natural, dijo clama por el 27 dijo Dios y saben el día que entró de nuevo a USA.

Fue una lucha con las tinieblas su lucha no era contra carne y sangre, sino contra potestades de las tinieblas un altar satánico contra una persona puede estropear todo el plan que Dios tiene para ti.

Ver espiritualmente es una gran herramienta para defendernos de satanás, no perdemos por que el diablo pueda más y si crees que la brujería puede más arrepiente y confiesa que Jesús es el señor para que el Espíritu Santo abra tus sentidos espirituales, y veras que no es porque pueda más, sino porque tú no has peleado correctamente.

Se que podría detallar más el caso, pero mi intención no es dejarte saber lo malo que es satanás y cómo las personas pueden llegar a ser tan egoístas y malvadas cuando están posesionadas de envidia, enojo, rencor y soberbia, son demonios que llevan a muchos a vender o entregar el alma al diablo.

Tenemos armas espirituales que podemos usar siempre que las necesitemos, tome muy en cuenta sus actitudes, los resentimientos, miedo, ira, sospecha, envidia, egoísmo, falta de perdón son espíritus demoníacos que aflojan, agotan y debilitan, saben que el odio divide y el amor une. Pero siempre es difícil practicarlo.

LAS ORACIONES siempre traen respuestas están siempre a la disposición no necesitamos nada, entra simplemente pedimos lo que deseamos y si no sabes que pedir es simple digamos constantemente lo que deseamos hasta que memoricemos lo que necesitamos.

Algunas veces me impresiona conocer gente conocedora de la palabra de Dios y cuando hablan son tan negativos hasta cuando saludan. Cuando les dices como estas contestan pasándola, mediocre aquí sobreviviendo no nos toca de otra, que aguantar esta vida y así palabras similares, en vez de decir bendecido, bien gracias a Dios, desconectados completamente de lo que Jesucristo nos enseña en su palabra, él dijo lo que digas creyendo, lo recibiréis, aunque esto parezca imposible.

MARCOS 11:23

²³ Porque de cierto os digo que cualquiera que dijere a este monte: Quítate y échate en el mar, y no dudare en su corazón, sino creyere que será hecho lo que dice, lo que diga le será hecho.

Eso quiere decir que en el momento puede que no estés bien, pero si declaras la palabra que estás bien te será hecha. Una razón muy común es ver con nuestros ojos naturales, si tus ojos espirituales están abiertos puede que en este momento todo vaya mal, pero tú puedes ver mañana cuando toda abra pasado te motivó que sueltes todo duda o superstición y empiezas a manejar tu diálogo interno permitiendo que el Espíritu fluya en ti será la única forma de alcanzar todo lo deseado.

XVII

REVELACIÓN PROFUNDA
ESPIRITUAL

Una de las desventajas en particular del ser humano es que siempre queremos responsabilizar o culpar a otros de cualquier situación en nuestra vida, siempre estamos buscando fuera de nosotros, es que la pulpa la tiene el gobierno, es que es la economía, es mi familia que no me ayuda, es mi pareja que no me apoya, no sé por qué nadie me hace feliz, son los demonios que me atacan, desde que acepte a Cristo me ataca el diablo, estaba mejor en el mudo porque hoy nadie me quiere, en la iglesia son fríos, allí no hay amor y podría seguir es una lista larga, es tiempo de la verdad.

Es tu mente la que tiene ese programa, trae lo que tú tienes en el corazón, dirás no porque yo soy buena y mi corazón ya perdono y yo nací de nuevo, un nuevo nacimiento en realidad es un cambio de actitud, renovando nuestra manera de vieja de pensar, si antes esperaba que le dieran. hoy usted busque a quien darle, si quería que le hicieran feliz, hoy busque a quien hacer feliz usted. Si no la apoyan, apoye usted a alguien, y si no la aman, ame a alguien usted, en el mudo nos programan así, así como me tratas; así te trato, si tú me haces; yo te hago, y siempre esperamos de los demás lo que ni nosotros queremos hacer por los demás.

Hacemos una gran guerra contra el diablo por que la intención en realidad es culparlo a él de nuestra situación, pero en realidad sería más fácil si aceptamos que nosotros somos los únicos responsables de nuestro viaje en la vida en cualquier edad. La experiencia a través de nuestro ministerio de liberación nos sorprende cada vez más, por una de las razones que el Espíritu Santo nos envió a escribir este libro es para concientizar a la humanidad, que no es tan complicado como lo hemos hecho, Jesús dijo y recibiréis poder, cuando haya venido sobre vosotros el ESPIRITU SANTO, esto parece olvidarse muy fácil o será que no se sabe.

Quiero enseñarte que nosotros tenemos el poder del Espíritu, es él, quien nos tiene que hacer diferente, como lo usamos de manera natural en realidad no tenemos que esforzar para hacer que funcione es simplemente a través de nuestras palabras, si en algunas ocasiones se hacen actos proféticos, igual manera no es que tengamos que hacer mayor esfuerzo en realidad es lo que decimos, lo que al final hace el milagro. Nuestro trabajo es creer lo que decimos eso les explique en capítulo anterior es gravar en nuestro corazón porque en él es que se memoriza.

> ## ROMANOS 10:10
>
> [10] Porque con el corazón se cree para justicia, pero con la boca se confiesa para salvación.

En profundidad nuestra mente solo es la pantalla y el corazón el programa, la razón por la que decimos y declaramos y no vemos es por el programa que tenemos ya sea que estemos mal programados por causas secundarias o porque no esté desarrollado.

Programa hoy tu corazón, en primer lugar, amate a ti, permite que el amor llene tu corazón para siempre y tu vida sea filtrada por el amor, si te critican ama, no sufrirás nunca más porque por medio del amor es el defensor más grande que puedes tener.

Este poder está a la disposición de todos, no podemos ser mezquinos creyendo que solo unos podemos acceder a él. Siempre y cuando estemos sometidos a ese poder.

PODER de conocimiento, como opera y como manifestaron se manifiesta cuando crees en él, no podrás usarlo si no crees en él y opera de forma natural con lo que hablamos y sentimos para sanar un enfermo solo necesita que el enfermo crea que será sano y de ti solo tienes que decir la palabra de sanidad y amar a ese enfermo, amar al enfermo, si amar es necesario porque si no lo amas no podrás declarar palabra de sanidad o liberación, ese es el único obstáculo esa es la barrera que muchos no quieren botar, quieren sanar, liberar y piden constantemente señor úsame, Espíritu Santo empodérame y cuando quieren orar por otro o por ellos mismos, decían palabras sin autoridad por que en su corazón hay rencor, resentimiento, pena, dolor y entonces el poder de DIOS no fluye, ya que al encontrar esto en nuestro corazón no se puede ver lo que realmente necesitamos es como un virus en nuestro sistema, limpia toda amargura o duda que haya en tu corazón es imposible agradar Dios sin fe.

En otras palabras, imposible usar el poder del Espíritu Santo sin creer, en el corazón se cree y con la boca se confiesa, usted cree que será libre y lo confiesa con la boca la libertad tomará lugar en un momento otro.

Este libro no es de demonología, pero es de guerra espiritual sabrás como ser libre de demonios y podrás mantenerte en la sanidad, si logras ser estable con tus pensamientos y con tu forma de hablar serás también estable en tu matrimonio, en tus finanzas, en tu salud, en tus emociones y sobre todo espiritual.

Si la gran mayoría no son estables espiritualmente. Si tanto así que muchos después de haber conocido la verdad se van a la mentira por falta de estabilidad espiritual a todo le dicen amen.

Toda información tiene que ser filtrada por el Espíritu Santo. El espíritu solo acepta lo que está en la palabra de Dios, la biblia es el único libro verdadero que sus palabras son vivas tienen la capacidad de empoderar a través del Espíritu. Usemos esas palabras para sanar, liberar y prosperar, declarar y vivir esa es la clave para la victoria, ningún principado podrá atravesar este vallado.